coleção primeiros passos

Carlos Rodrigues Brandão

O QUE É EDUCAÇÃO

1ª edição

São Paulo

editora brasiliense

Copyright © by Carlos Rodrigues Brandão, 1981
Nenhuma parte desta publicação pode ser gravada, armazenada em sistemas eletrônicos, fotocopiada, reproduzida por meios mecânicos ou outros quaisquer sem autorização prévia da editora.

1ª edição, 1981
58ª reimpressão, 2015

Diretora Editorial: *Maria Teresa B. de Lima*
Editor: *Max Welcman*
Diagramação: *Adriana F. B. Zerbinati*
Produção Gráfica: *Laidi Alberti*
Caricaturas: *Emílio Damiani*
Capa: *123 (antigo 27) Artistas Gráficos*

Dados Internacionais de Catalogação na Publicação(CIP)
(Câmara Brasileira do Livro, SP, Brasil)

Brandão, Carlos Rodrigues
O que é educação / Carlos Rodrigues Brandão
-- São Paulo : Brasiliense, 2013. -- (Coleção Primeiros Passos ; 20)

57ª reimpr. da 1ª ed. de 1981.

ISBN 978-85-11-01020-6

1. Educação I. Título II. Série.

07- 0589   CDD - 370

Índices para catálogo sistemático :
1. Educação 370

editora brasiliense ltda
Rua Antonio de Barros, 1720 – Bairro Tatuapé
CEP 03401-001 – São Paulo – SP – Fone 3062-2700
E-mail: contato@editorabrasiliense.com.br
www.editorabrasiliense.com.br

SUMÁRIO

I – Educação? Educações: aprender com o índio.........7

II – Quando a escola é a aldeia 13

III – Então, surge a escola....................................28

IV – Pedagogos, mestres-escola e sofistas 37

V – A educação que Roma fez e o que ela ensina........50

VI – Educação: isto e aquilo, e o contrário de tudo...56

VII – Pessoas *versus* sociedade: um dilema que oculta outros 64

VIII – Sociedade contra Estado: classe e educação.....76

IX – A esperança na educação 102

Indicações para leitura 116

Sobre o autor 123

EDUCAÇÃO? EDUCAÇÕES: APRENDER COM O ÍNDIO

> Pergunto coisas ao buriti; e o que ele responde é: a coragem minha. Buriti quer todo o azul, e não se aparta de sua água – carece de espelho. Mestre não é quem sempre ensina, mas quem de repente aprende.
>
> João Guimarães Rosa, *Grande sertão: Veredas*

Ninguém escapa da educação. Em casa, na rua, na igreja ou na escola, de um modo ou de muitos, todos nós envolvemos pedaços da vida com ela: para aprender, para ensinar, para aprender-e-ensinar. Para saber, para fazer, para ser ou para conviver, todos os dias misturamos a vida com a educação. Com uma ou com várias: educação? Educações. E já que, pelo menos por isso, sempre achamos que temos alguma coisa a dizer sobre a educação que nos invade a vida, por que não começar a pensar sobre ela com o que uns índios uma vez escreveram?

Há muitos anos, nos Estados Unidos, Virgínia e Maryland assinaram um tratado de paz com os Índios das Seis Nações. Ora, como as promessas e os símbolos da educação sempre foram muito adequados a momentos solenes como aquele, logo depois os seus governantes mandaram cartas aos índios para que enviassem alguns de seus jovens às escolas dos brancos. Os chefes responderam agradecendo e recusando. A carta acabou conhecida porque alguns anos mais tarde Benjamin Franklin adotou o costume de divulgá-la aqui e ali. Eis o trecho que nos interessa:

"(...)Nós estamos convencidos, portanto, de que os senhores desejam o bem para nós e agradecemos de todo o coração.
Mas aqueles que são sábios reconhecem que diferentes nações têm concepções diferentes das coisas e, sendo assim, os senhores não ficarão ofendidos ao saber que a vossa ideia de educação não é a mesma que a nossa.
(...)Muitos dos nossos bravos guerreiros foram formados nas escolas do Norte e aprenderam toda a vossa ciência.

Mas, quando eles voltavam para nós, eles eram maus corredores, ignorantes da vida da floresta e incapazes de suportarem o frio e a fome. Não sabiam como caçar o veado, matar o inimigo e construir uma cabana, e falavam a nossa língua muito mal. Eles eram, portanto, totalmente inúteis. Não serviam como guerreiros, como caçadores ou como conselheiros.
Ficamos extremamente agradecidos pela vossa oferta e, embora não possamos aceitá-la, para mostrar a nossa gratidão oferecemos aos nobres senhores de Virgínia que nos enviem alguns dos seus jovens, que lhes ensinaremos tudo o que sabemos e faremos, deles, homens."

De tudo o que se discute hoje sobre a educação, algumas das questões entre as mais importantes estão escritas nessa carta dos índios. Não há uma forma única nem um único modelo de educação; a escola não é o único lugar onde ela acontece e talvez nem seja o melhor; o ensino escolar não é a sua única prática e o professor profissional não é o seu único praticante.

Em mundos distintos, a educação existe de forma diversa em pequenas sociedades tribais de povos caçadores, agricultores ou pastores nômades; em sociedades camponesas, em países desenvolvidos e industrializados; em mundos sociais *sem* classes, *de*

classes, com este ou aquele tipo de conflito entre as suas classes; em tipos de sociedades e culturas sem Estado, com um Estado em formação ou com ele consolidado entre e sobre as pessoas.

Existe a educação de cada categoria de sujeitos de um povo; ela existe em cada povo, ou entre povos que se encontram. Existe entre povos que submetem e dominam outros povos, usando a educação como um recurso a mais de sua dominância. Da família à comunidade, a educação existe difusa em todos os mundos sociais, entre as incontáveis práticas dos mistérios do aprender; primeiro, sem classes de alunos, sem livros e sem professores especialistas; mais adiante, com escolas, salas, professores e métodos pedagógicos.

A educação pode existir livre e, entre todos, pode ser uma das maneiras que as pessoas criam para tornar *comum*, como saber, como ideia, como crença, aquilo que é *comunitário* como bem, como trabalho ou como vida. Ela pode existir imposta por um sistema centralizado de poder, que usa o saber e o controle sobre o saber como armas que reforçam a desigualdade entre os homens, na divisão dos bens, do trabalho, dos direitos e dos símbolos.

A educação é, como outras, uma fração do *modo de vida* dos grupos sociais que a criam e recriam, entre tantas outras invenções de sua cultura, em sua sociedade. Formas de educação que produzem e praticam, para que elas reproduzam, entre todos os que ensinam-e-aprendem, o saber que atravessa as palavras da tribo, os códigos sociais de conduta, as regras do trabalho, os segredos da arte ou da religião, do artesanato ou da tecnologia que qualquer povo precisa para reinventar, todos os dias, a vida do grupo e a de cada um de seus sujeitos, por meio de trocas sem fim com a natureza e entre os homens, trocas que existem dentro do mundo social onde a própria educação habita, e desde onde ajuda a explicar – às vezes a ocultar, às vezes a inculcar – , de geração em geração, a necessidade da existência de sua ordem.

Por isso mesmo – e os índios sabiam – a educação do colonizador, que contém o saber de seu modo de vida e ajuda a confirmar a aparente legalidade de seus atos de domínio, na verdade não serve para ser a educação do colonizado. Não serve e existe contra uma educação que ele, não obstante dominado, também possui como um dos seus recursos, em seu mundo, dentro de sua cultura.

Assim, quando são necessários guerreiros ou burocratas, a educação é um dos meios de que os homens lançam mão para criar guerreiros ou burocratas. Ela ajuda a pensar tipos de homens. Mais do que isso, ela ajuda a criá-los, fazendo passar de uns para os outros o saber que os constitui e legitima. Mais ainda, a educação participa do processo de produção de crenças e ideias, de qualificações e especialidades que envolvem as trocas de símbolos, bens e poderes que, em conjunto, constroem tipos de sociedades. E esta é a sua força.

No entanto, pensando às vezes que age por si próprio, livre e em nome de todos, o educador imagina que serve ao saber e a quem ensina mas, na verdade, ele pode estar servindo a quem o constituiu professor, a fim de usá-lo, e ao seu trabalho, para os usos escusos que ocultam também na educação – nas suas agências, suas práticas e nas ideias que ela professa – interesses políticos impostos obre ela e, por meio de seu exercício, à sociedade que habita. E esta é a sua fraqueza.

Aqui e ali será preciso voltar a essas ideias, e elas podem ser como que um roteiro daqui para a frente. A educação existe no imaginário das pessoas e na ideologia dos grupos sociais e, ali, sempre se espera, de dentro, ou sempre se diz para fora, que a sua missão é transformar sujeitos e mundos em alguma coisa melhor, de acordo com as imagens que se tem de uns e de outros: "(...) e deles faremos homens". Mas, na prática, a mesma educação que ensina pode deseducar, e pode correr o risco de fazer o contrário do que pensa que faz, ou do que inventa que pode fazer: "(...) eles eram, portanto, totalmente inúteis".

QUANDO A ESCOLA É A ALDEIA

A educação existe onde não há a escola e por toda parte pode haver redes e estruturas sociais de transferência de saber de uma geração a outra onde ainda não foi sequer criada a sombra de algum modelo de ensino formal e centralizado. Porque a educação aprende com o homem a continuar o trabalho da vida. A vida que transporta de uma espécie para a outra, dentro da história da natureza, e de uma geração a outra de viventes, dentro da história da espécie, os princípios por meio dos quais a própria vida aprende e ensina a sobreviver e a evoluir em cada tipo de ser.

Os bichos do mundo aprendem de dentro para fora com as armas naturais do instinto. Mas a isso eles acrescentam maneiras de aprender de fora para dentro, convivendo com a espécie, observando a conduta de outros iguais de seu mundo e experimentando repetir muitas vezes essas condutas da espécie por conta própria. Entre os que nos rodeiam de perto ou de longe, não são raros os bichos cujos pais da prole criam e recriam situações para que o treino dos filhotes faça e repita os atos da aprendizagem que garante a vida, como a mãe que um dia expulsa com amor o filho do ninho, para que ele aprenda a arte e a coragem do primeiro voo.

O homem que transforma, com o trabalho e a consciência, partes da natureza em invenções de sua cultura aprendeu com o tempo a transformar partes das trocas feitas no interior dessa cultura em situações sociais de aprender-ensinar-e-aprender: em educação. Na espécie humana, a educação não continua apenas o trabalho da vida. Ela se instala dentro de um domínio propriamente humano de trocas: de símbolos, de intenções, de padrões de cultura e de relações de poder. Mas, a seu modo, ela continua no homem o trabalho da natureza de fazê-lo evoluir, de torná-lo mais humano. É esta a ideia que Werner Jaeger tem na cabeça quando, num estudo sobre a educação do homem grego, procura explicar o que ela é, afinal:

"A natureza do homem, na sua dupla estrutura corpórea e espiritual, cria condições especiais para a manutenção e transmissão da sua forma particular e exige organizações físicas e espirituais ao conjunto das quais damos o nome de educação. Na educação, como o homem a pratica, atua a mesma força vital, criadora e plástica, que espontaneamente impele todas as espécies vivas à conservação e à propagação de seu tipo. É nela, porém, que essa força atinge o seu mais alto grau de intensidade, através do esforço consciente do conhecimento e da vontade, dirigida para a consecução de um fim."

Na aldeia africana, o "velho" ensina às crianças o saber da tribo.

Quando um povo alcança um estágio complexo de organização da sua sociedade e de sua cultura, quando ele enfrenta, por exemplo, a questão da divisão social do trabalho e, portanto, do poder, é que ele começa a viver e a pensar como *problema* as formas e os processos de transmissão do saber. E é a partir de então que a questão da educação emerge à consciência e o trabalho de educar acrescenta à sociedade, passo a passo, os espaços, sistemas, tempos, regras de prática, tipos de profissionais e categorias de educandos envolvidos nos exercícios de maneiras cada vez menos corriqueiras e menos comunitárias do ato, afinal tão simples, de ensinar-e-aprender.

No entanto, muito antes que isso aconteça, em qualquer lugar e a qualquer tempo – entre dez índios remanescentes de alguma tribo do Brasil Central ou no centro da cidade de São Paulo – a educação existe sob tantas formas e é praticada em situações tão diferentes, que algumas vezes parece ser invisível, a não ser nos lugares onde pendura alguma placa na porta com o seu nome.

Quando os antropólogos do começo do século XX saíram pelo mundo pesquisando "culturas primitivas" de sociedades tribais das Américas, da Ásia, da África e da Oceania, eles aprenderam a descrever com rigor praticamente todos os recantos da vida dessas sociedades e culturas. No entanto, quase nenhum deles usa a palavra *educação*, embora quase todos, de uma forma ou de outra, descrevam relações cotidianas ou cerimônias rituais em que crianças aprendem e jovens são solenemente admitidos no mundo dos adultos.

De vez em quando, aparece, perdido num mar de outros conceitos, o de *educação*, como quando Radcliffe-Brown – um antropólogo inglês que participa da criação da moderna Antropologia Social – lembra que, entre os andamaneses, um grupo tribal de ilhéus entre Burma e Sumatra, para se ajustar a criança à sua comunidade "é preciso que ela seja educada". Parte deste processo consiste em a criança e o adolescente aprenderem aos poucos a caçar, a fabricar o arco e flecha e assim por diante. Outra parte envolve a aquisição de "sentimentos e disposições emocionais" que regulam a conduta dos membros da tribo e constituem o corpo de suas regras sociais de moralidade.

Quando os antropólogos pouco falam em educação, eles pouco querem falar de processos formalizados de ensino. Porque, onde os andamaneses, os maori, os apaches ou os xavantes praticam, e os antropólogos identificam processos sociais de *aprendizagem*, não existe ainda nenhuma situação propriamente escolar de transferência do saber tribal que vai do fabrico do arco e flecha à recitação das rezas sagradas aos deuses da tribo. Ali, a sabedoria acumulada do grupo social não "dá aulas" e os alunos, que são todos os que aprendem, "não aprendem na escola". Tudo o que se sabe aos poucos se adquire por viver muitas e diferentes situações de trocas entre pessoas, com o corpo, com a consciência, com o corpo-e-a-consciência. As pessoas convivem umas com as outras e o saber flui, pelos atos de quem sabe-e-faz, para quem não-sabe-e-aprende. Mesmo quando os adultos encorajam e guiam os momentos e situações de aprender de crianças e adolescentes, são raros os tempos especialmente reservados apenas para o ato de ensinar.

Nas aldeias dos grupos tribais mais simples, todas as relações entre a criança e a natureza, guiadas de mais longe ou mais perto pela presença de adultos conhecedores, são *situações de aprendizagem*. A criança vê, entende, imita e aprende com a sabedoria que existe no próprio gesto de *fazer* a coisa. São também situações de aprendizagem aquelas em que as pessoas do grupo trocam bens materiais entre si ou trocam serviços e significados: na turma de caçada, no barco de pesca, no canto da cozinha da palhoça, na lavoura familiar ou comunitária de mandioca, nos grupos de brincadeiras de meninos e meninas, nas cerimônias religiosas.

O que é educação

Émile Durkheim, um dos principais sociólogos da educação, explica isso da seguinte maneira:

"Sob regime tribal, a característica essencial da educação reside no fato de ser difusa e administrada indistintamente por todos os elementos do clã. Não há mestres determinados, nem inspetores especiais para a formação da juventude: esses papéis são desempenhados por todos os anciãos e pelo conjunto das gerações anteriores."

As meninas aprendem com as companheiras de idade, com as mães, as avós, as irmãs mais velhas, as velhas sábias da tribo, com esta ou aquela especialista em algum tipo de magia ou artesanato. Os meninos aprendem entre os jogos e brincadeiras de seus grupos de idade, aprendem com os pais, os irmãos da mãe, os avós, os guerreiros, com algum xamã (mago, feiticeiro), com os velhos em volta das fogueiras. Todos os agentes dessa educação de aldeia criam de parte a parte as situações que, direta ou indiretamente, forçam iniciativas de aprendizagem e treinamento. Elas existem misturadas com a vida em momentos de trabalho, de lazer, de camaradagem ou de amor. Quase sempre não são impostas e não é raro que sejam os aprendizes os que tomam a seu cargo procurar pessoas e situações de troca que lhes possam trazer algum aprendizado. Assim, entre os Wogeo, da Nova Guiné, de acordo com o depoimento de um antropólogo:

"Onde é necessário aprender habilidades especiais as crianças estão, em regra geral, ansiosas por saber o que os seus pais conhecem. O orgulho do trabalhador e o prestígio do bom artesão dominam sua vida e elas necessitam de muito pouco estímulo para procurá-los por si mesmas."

O saber da comunidade, aquilo que todos conhecem de algum modo; o saber próprio dos homens e das mulheres, de crianças, adolescentes, jovens, adultos e velhos; o saber de guerreiros e esposas; o saber que faz o artesão, o sacerdote, o feiticeiro, navegador e outros tantos especialistas envolve, portanto, situações pedagógicas interpessoais, familiares e comunitárias nas quais ainda não surgiram técnicas pedagógicas escolares, acompanhadas de seus profissionais de aplicação exclusiva. Os que sabem: fazem, ensinam, vigiam, incentivam, demonstram, corrigem, punem e premiam. Os que não sabem espiam, na vida que há no cotidiano, o saber que ali existe, veem fazer e imitam, são instruídos com o exemplo, incentivados, treinados, corrigidos, punidos, premiados e, enfim, aos poucos aceitos entre os que sabem *fazer* e *ensinar*, com o próprio exercício vivo do fazer. Esparramadas pelos cantos do cotidiano, todas as situações entre pessoas, e entre pessoas e a natureza, situações sempre mediadas pelas regras, símbolos e valores da cultura do grupo – têm, em menor ou maior escala, a sua dimensão pedagógica. Ali, todos os que *convivem aprendem*, da sabedoria do grupo social e da força da norma dos costumes da tribo, o saber que torna todos e cada um pessoalmente aptos e socialmente reconhecidos e legitimados para a convivência social, o trabalho, as artes da guerra e os ofícios do amor.

"Os meninos observam os homens quando fazem arcos e flechas; o homem os chama para perto de si e eles se veem obrigados a observá-lo. As mulheres, por outro lado, levam as meninas para fora de casa, ensinando-as a conhecer as plantas boas para confeccionar cestos e a argila que serve para fazer potes. E, em casa, as mulheres tecem os cestos, costuram os mocassins e curtem a pele de cabrito diante das meninas, dizendo-lhes, enquanto estão trabalhando, que observem cuidadosamente, para que, quando forem grandes, ninguém as possa chamar de preguiçosas e ignorantes. Ensinam-nas a cozinhar e aconselham-nas sobre a busca de bagas e outros frutos, assim como sobre a colheita de alimentos."

Em todos os grupos humanos mais simples, os diversos tipos de treinamento por meio das trocas sociais, que socializam crianças e adolescentes, incluem, entre outras, estas situações pedagógicas:

- *o treinamento direto de habilidades corporais, por meio da prática direta dos atos que conduzem o corpo ao hábito;*
- *a estimulação dirigida, para que o aprendiz faça e repita, até o acerto, os atos de saber e habilidade que ignora;*
- *a observação livre e dirigida, pelo educando, dos procedimentos daqueles que sabem;*
- *a correção interpessoal, familiar ou comunitária das práticas ou das condutas erradas, por meio do castigo, do ridículo ou da admoestação;*
- *a assistência convocada para cerimônias rituais e, aos poucos (ou depois de uma iniciação), o direito à participação nessas cerimônias (solenidades religiosas, danças, rituais de passagem);*
- *a inculcação dirigida em situações de quase-ensino, com o uso da palavra e turmas de ouvintes, dos valores morais, dos mitos histórico-religiosos da tribo, das regras dos códigos de conduta.*

O que é educação 23

Assim, tudo o que é importante para a comunidade, e existe como algum *tipo de saber*, existe também como algum *modo de ensinar*. Mesmo onde ainda não criaram a escola, ou nos intervalos dos lugares onde ela existe, cada tipo de grupo humano cria e desenvolve situações, recursos e métodos empregados para ensinar às crianças, aos adolescentes, e também aos jovens e mesmo aos adultos, o saber, a crença e os gestos que os tornarão um dia o modelo de homem ou de mulher que o imaginário de cada sociedade – ou mesmo de cada grupo mais específico – dentro dela idealiza, projeta e procura realizar. De duas tribos vizinhas de pastores do deserto, é possível que se dê franca importância a um artifício pedagógico em uma delas, como o castigo corporal, por exemplo, ou a atemorização de crianças, e que ele seja simplesmente rejeitado na outra. Mas em uma e na outra, como em todas do mundo, nunca as pessoas crescem a esmo e aprendem ao acaso.

O que vimos acontecer até aqui, formas vivas e comunitárias de ensinar-e-aprender, tem sido chamado por vários nomes. Ao processo global que tudo envolve é comum que se dê o nome de *socialização*. Através dela, ao longo da vida, cada um de nós passa por etapas sucessivas de *inculcação* de tipos de categorias gerais, parciais ou especializadas de saber-e-habilidade. Elas fazem, em conjunto, o contorno da identidade, da ideologia e do modo de vida de um grupo social. Elas fazem, também, do ponto de vista de cada um de nós, aquilo que aos poucos somos, sabemos, fazemos e amamos. A socialização realiza, em sua esfera, as necessidades e projetos da sociedade e proporciona a cada um de seus membros, grande parte daquilo que eles precisam para serem reconhecidos como "seus" e para existirem dentro dela.

Ora, no interior de todos os contextos sociais coletivos de formação do adulto, o processo de aquisição pessoal de saber-crença-e-hábito de uma cultura, que funciona sobre os educandos como uma situação pedagógica total, pode ser chamado (com algum susto) de *endoculturação*.

Dentro de sua cultura, em sua sociedade, aprender de maneira mais ou menos intencional (alguns dirão: "mais ou menos consciente"), através do envolvimento direto do corpo, da mente e da afetividade, entre as incontáveis situações de relação com a natureza e de trocas entre os homens, é parte do processo pessoal de endoculturação, e é também parte da aventura humana do "tornar-se pessoa".

Vista em seu voo mais livre, a educação é uma fração da experiência endoculturativa. Ela aparece sempre que há relações entre pessoas e intenções de ensinar-e-aprender. Intenções, por exemplo, de aos poucos "modelar" a criança, para conduzi-la a ser o "modelo" social de adolescente e, ao adolescente, para torná-lo mais adiante um jovem e, depois, um adulto. Todos os povos sempre traduzem de alguma maneira essa lenta transformação que a aquisição do saber deve operar. Ajudar a crescer, orientar a maturação, transformar em, tornar capaz, trabalhar sobre, domar, polir, criar, como um sujeito social, a *obra*, de que o homem natural é a *matéria-prima*.

Não é nada raro que, tanto na cabeça de um índio quanto na de um de nossos educadores ocidentais, a melhor imagem de como a educação se idealiza seja a do oleiro que toma o barro e faz o pote. O trabalho cuidadoso do artesão que age com tempo e sabedoria sobre a argila viva, que é o educando. A argila que resiste às mãos do oleiro, mas que se deixa conduzir por elas a se transformar na obra feita: o adulto educado. Quando o educador pensa a educação, ele acredita que, entre homens, ela é o que dá a forma e o polimento. Mas ao fazer isso, na prática, tanto pode ser a mão do artista que guia e ajuda o barro a ser transformado, quanto a forma que iguala e deforma.

É bom separar agora algumas palavras usadas até aqui e que serão ainda trabalhadas mais adiante.

Tudo o que existe transformado da natureza pelo trabalho do homem e significado pela sua consciência é uma parte de sua *cultura*: o pote de barro, as palavras da tribo, a tecnologia da agricultura, da caça ou da pesca, o estilo dos gestos do corpo nos atos do amor, o sistema de crenças religiosas, as estórias da história que explica quem aquela gente é e de onde veio, as técnicas e situações de transmissão do saber; tudo o que existe disponível e criado em uma cultura como *conhecimento* que se adquire através da experiência pessoal *com o mundo ou com o outro*; tudo o que se aprende de um modo ou de outro faz parte do processo de *endoculturação*, por meio do qual um grupo social aos poucos socializa, em sua cultura, os seus membros, como tipos de sujeitos sociais.

Ora, a *educação* é o território mais motivado desse mapa. Ela existe quando a mãe corrige o filho para que ele fale direito a língua do grupo, ou quando fala à filha sobre as normas sociais do modo de "ser mulher" ali. Existe também quando o pai ensina ao filho a polir a ponta da flecha, ou quando os guerreiros saem com os jovens para ensiná-los a caçar. A educação aparece sempre que surgem formas sociais de condução e controle da aventura de ensinar-e-aprender. O *ensino formal* é o momento em que a educação se sujeita à *pedagogia* (a teoria da educação), cria situações próprias para o seu exercício, produz os seus métodos, estabelece suas regras e tempos e constitui executores especializados. É quando aparecem a escola, o aluno e o professor, de quem começo a falar daqui para frente.

III
ENTÃO, SURGE A ESCOLA

Mesmo em algumas sociedades primitivas, quando o *trabalho* que produz os *bens* e quando o poder que reproduz a *ordem* são divididos e começam a gerar hierarquias sociais, também o *saber* comum da tribo se divide, começa a se distribuir desigualmente e pode passar a servir ao uso político de reforçar a *diferença*, no lugar de um saber anterior, que afirmava a *comunidade*.

Então é o começo do tempo em que a sociedade separa e aos poucos opõe: *o que faz, o que se sabe com o que se faz e o que se faz com o que se sabe*. Então é quando, entre outras categorias de especialidades sociais, aparecem as de *saber* e de *ensinar a saber*. Esse é o começo do momento em que a educação vira o ensino, que inventa a pedagogia, reduz a aldeia à escola e transforma "todos" no educador.

O que isso significa? Significa que, para além das fronteiras do saber comum de todas as pessoas do grupo e transmitido entre todos livre e pessoalmente, para além do saber dividido dentro do grupo entre categorias naturais de pessoas (homens e mulheres, crianças, jovens, adultos e velhos) e transferido de uns aos outros segundo suas linhas de sexo ou de idade, por exemplo, emergem tipos e graus de saber que correspondem desigualmente a diferentes categorias de sujeitos (o rei, o sacerdote, o guerreiro, o professor, o lavrador), de acordo com a sua posição social no sistema político de relações do grupo. Onde todos aprendem para serem "gente", "adulto", "um dos nossos" e, meio a meio, alguns aprendem para serem "homem" e outros para serem "mulher", outros ainda começam a aprender para serem "chefe", "feiticeiro", "artista", "professor", "escravo". A diferença que o grupo reconhece neles por vocação ou por origem, a diferença do que espera de cada um deles como trabalho social qualificado por um *saber* gera o começo da desigualdade da educação de "homem comum" ou de "iniciado", que cada um deles diferentemente começa a receber.

Uma *divisão social do saber* e dos agentes e usuários do saber como essa existe mesmo em sociedades muito simples. Em seu primeiro plano de separação – o mais universal – , numa idade sempre próxima à da adolescência, meninos e meninas são isolados do resto da tribo. Em alguns casos, convivem entre iguais e com adultos por períodos de reclusão e aprendizagem que envolvem situações de ensino forçado e duras provas de iniciação. Todo o trabalho pedagógico da formação desses jovens é conduzido por categorias de educadores escolhidos entre todos para este tipo de ofício, do qual os meninos saem jovens – adultos e guerreiros, por exemplo, e as meninas, moças prontas para a posse de um homem, uma casa e alguns filhos.

Nas suas formas mais simples, essas situações pedagógicas de ensino especializado que apressa o adulto que há no jovem podem ser muito breves. Podem envolver pouco mais do que momentos provocados de convivência intensificada entre grupos de adolescentes e grupos de adultos. Depressa eles são devolvidos ao grupo social e, quase sempre, depois de cerimônias públicas de iniciação (os ritos de passagem), são reconhecidos, pela posição que o grupo lhes atribui e pelo saber que lhes reconhece, como homens e mulheres aptos e legítimos para a vida do adulto da tribo.

Outras vezes, esse período de aprendizagem – separada é muito mais longo, muito mais diversificado e, por certo, muito mais próximo dos modelos de agências e procedimentos de ensino que temos na cabeça quando pensamos em *educação*. Em sociedades tribais da Libéria e de Serra Leoa, na África, há tipos de escolas para os meninos (as escolas "Poro") e para as meninas (as escolas "Sande"). De tribo para tribo, os meninos estudam por períodos que vão de um ano e meio a oito anos. Estudam, convivem entre si e com seus mestres, e treinam. Divididos de acordo com seus grupos de idade (como em nossos anos), eles aprendem as crenças, as tradições e os costumes culturais da tribo, além do saber dos ofícios de guerra e paz. A escola Poro leva em conta diferenças individuais e, com o trabalho docente de diferentes professores – especialistas, forma novos especialistas. Se um menino demonstra talentos para o trabalho do fabrico de tecidos e de couro, para o exercício da dança, ou para os ofícios da medicina tribal, ele acrescenta esses treinos e estudos ao corpo comum do programa por que passa com todos os outros companheiros de idade.

Entre grupos de pescadores da Nova Zelândia e do Arquipélago da Sociedade, existem "casas de ensino", verdadeiras universidades em escala indígena, onde toda a sabedoria da cultura é ensinada aos jovens de ambos os sexos por professores – sacerdotes. Durante metade do ano, essas "casas" permanecem abertas e, por todo o dia, oferecem cursos com alguma teoria e muita prática sobre pelo menos os seguintes assuntos: genealogia, tradições e história, princípios de crença e cultos religiosos, magia, artes da navegação, agricultura, dança, literatura. O programa de ensino divide a "Mandíbula Superior", na qual os jovens aprendem com os sacer dotes os segredos do sagrado, da "Mandíbula Inferior", relacionada aos assuntos terrenos.

Em um segundo plano, mais restrito e mais marcadamente político, diferentes categorias de meninos e meninas recebem o saber especializado que há em uma "educação de minorias privilegiadas", destinadas por herança aos cargos de chefia. Assim acontece, por exemplo, entre quase todos os grupos originais do Havaí, onde os nobres e outros jovens selecionados de antemão para postos futuros de poder sobre os outros passavam por verdadeiros cursos superiores de estudos, que lhes tomavam quase todo o tempo da adolescência e da juventude. A tribo que mais adiante submeterá a eles a chefia comunitária – o trabalho social de dirigir – atribuirá a eles como um direito, e exigirá deles como um dever, o saber especializado do chefe. E o próprio tempo prolongado de estudo, treino e teste, muito mais do que o de todos os outros meninos, vale como um atestado social de diferenças entre o chefe e os outros, dado pela educação.

Mesmo os grupos que, como os nossos, dividem e hierarquizam tipos de saber, de alunos e de usos do saber, não podem abandonar por inteiro as formas livres, familiares e/ou comunitárias de educação. Em todos os cantos do mundo, primeiro a educação existe como um inventário amplo de relações interpessoais diretas no âmbito familiar: mãe-filha, pai-filho, sobrinho-irmão-da-mãe, irmão-mais-velho-irmão-caçula e assim por diante. Essa é a rede de trocas de saber mais universal e mais persistente na sociedade humana. Depois, a educação pode existir entre educadores-educandos não parentes – mas habitantes de uma mesma aldeia, de uma mesma cidade, gente de uma mesma linguagem – semiespecializados ou especialistas do saber de algum ofício mais amplo ou mais restrito: artesão-aprendiz, sacerdote-iniciado, cavaleiro-escudeiro, e tantos outros.

Até aqui, o *espaço educacional* não é *escolar*. Ele é o lugar da vida e do trabalho: a casa, o templo, a oficina, o barco, o mato, o quintal. Espaço que apenas reúne pessoas e tipos de atividade e onde *viver* o *fazer* faz o *saber*.

Em todo tipo de comunidade humana onde ainda não há uma rigorosa divisão social do trabalho entre classes desiguais, e onde o exercício social do poder ainda não foi centralizado por *uma classe* como *um Estado*, existe a educação sem haver a escola e existe a aprendizagem sem haver o ensino especializado e formal, como um tipo de prática social separada das outras. E da vida.

Mesmo nas grandes sociedades civilizadas do passado – como na Grécia e em Roma, com as quais vamos nos encontrar um pouco mais adiante – um sistema pedagógico controlado por um poder externo a ele, atribuído de fora para dentro a uma hierarquia de especialistas do ensino, e destinado a reproduzir a desigualdade através da oferta desigual do saber, é uma conquista tardia na história da cultura.

Em nome de quem os constitui educadores, esses especialistas do ensino aos poucos tomam a seu cargo a tarefa de assumir, controlar e recodificar domínios, sistemas, modos e usos do saber e das situações coletivas de distribuição do saber. Onde quer que apareça e em nome de quem venha, todo o corpo profissional de especialistas do ensino tende a dividir e a legitimar divisões do conhecimento comunitário, reservando para o seu próprio domínio tanto alguns tipos e graus do saber da cultura quanto algumas formas e recursos próprios de sua difusão.

Assim, aos poucos acontece com a educação o que acontece com todas as outras práticas sociais (a medicina, a religião, o bem-estar, o lazer) sobre as quais um dia surge um interesse político de controle. Também no seu interior, sistemas antes comunitários de trocas de bens, de serviços e de significados são em parte controlados por confrarias de especialistas, mediadores entre o poder e o saber.

Os estudos mais recentes da História têm indicado que a palavra escrita parece ter surgido em sociedades-Estado enriquecidas e com um poder muito centralizado, como entre os egípcios ou entre os astecas. Ela teria aparecido primeiro sendo usada pelos escribas, para fazer a contabilidade dos bens dos reis e faraós. Só mais tarde é que foi usada também pelos poetas para cantarem as coisas da aldeia e de sua gente. Assim também a educação.

Por toda a parte onde ela deixa de ser totalmente livre e comunitária (não escrita) e é presa na escola, entre as mãos de educadores a serviço de senhores, tende a inverter as utilizações dos seus frutos: o saber e a repartição do saber. A educação da comunidade de iguais, que reproduzia em um momento anterior a igualdade, ou a complementariedade social, por sobre diferenças naturais, começa a reproduzir desigualdades sociais por sobre igualdades naturais, quando aos poucos usa a escola, os sistemas pedagógicos e as "leis do ensino" para servir ao poder de uns poucos sobre o trabalho e a vida de muitos. Onde um tipo de educação pode tomar homens e mulheres, crianças e velhos para torná-los todos sujeitos livres que por igual repartem uma mesma vida comunitária, um outro tipo de educação pode tomar os mesmos homens, das mesmas idades, para ensinar uns a serem senhores e outros, escravos, ensinando-os a pensar, dentro das mesmas ideias e com as mesmas palavras, uns como senhores e outros como escravos.

Nas sociedades primitivas que nos acompanharam até aqui, a educação escolar que ajuda a separar o nobre do plebeu parece ser um ponto terminal na escala de invenção dos recursos humanos de transferência do saber de uma geração a outra. Também nas sociedades ocidentais como a nossa – sociedades complexas, sociedades de classes, sociedades capitalistas – , a educação escolar é uma invenção recente na história de cada uma. Da maneira como existe entre nós, a educação surge na Grécia e vai para Roma, ao longo de muitos séculos da história de espartanos, atenienses e romanos. Deles deriva todo o nosso sistema de ensino e, sobre a educação que havia em Atenas, até mesmo as sociedades capitalistas mais tecnologicamente avançadas têm feito poucas inovações. Talvez estejam, portanto, entre os seus inventos e escolas, algumas das respostas às nossas perguntas.

PEDAGOGOS, MESTRES-ESCOLA E SOFISTAS

Todas as grandes sociedades ocidentais que, como Atenas e Roma, emergiram de seus bandos errantes, de suas primeiras tribos de clãs de pastores ou camponeses, aprenderam a lidar com a educação do mesmo modo como qualquer outro grupo humano, em qualquer outro tempo. Tal como entre os Índios das Seis Nações, os primeiros assuntos e problemas da educação grega foram os dos ofícios simples dos tempos de paz e de guerra. O que se ensina e aprende entre os primeiros pastores, mesmo quando eles começaram rusticamente a enobrecer, envolve o saber da agricultura e do pastoreio, do artesanato de subsistência cotidiana e da arte. Tudo isso misturado, sem muitos mistérios, com os princípios de honra, de solidariedade e, mais do que tudo, de fidelidade à *polis*, a cidade grega onde começa e acaba a vida do cidadão livre e educado. Essa educação grega é, portanto, dupla, e carrega dentro dela a oposição que até hoje a nossa educação não resolveu. Ali estão *normas de trabalho* que, quando reproduzidas como um saber que se ensina para que se faça, os gregos acabaram chamando de *tecne* e que, nas suas formas mais rústicas e menos enobrecidas, ficam relegadas aos trabalhadores manuais, livres ou escravos. Ali estão *normas de vida* que, quando reproduzidas como um saber que se ensina para que se viva e seja um tipo de homem livre e, se possível, nobre, os gregos acabaram chamando de *teoria*. Este saber que busca no homem livre o seu mais pleno desenvolvimento e uma plena participação na vida da *polis* é o próprio ideal da cultura grega e é o que ali se tinha em mente quando se pensava na *educação*.

De tudo o que pode ser feito e transformado, nada é para o grego uma obra de arte tão perfeita quanto o *homem educado*. A primeira educação que houve em Atenas e Esparta foi praticada entre todos, nos exercícios coletivos da vida, em todos os cantos onde as pessoas conviviam na comunidade. Quando a riqueza da *polis* grega criou na sociedade estruturas de oposição entre livres e escravos, entre nobres e plebeus, aos meninos nobres da elite guerreira e, mais tarde, da elite togada é que a educação foi dirigida. Por alguns séculos, mesmo para eles, ainda não havia a escola.

Das relações familiares diretas até a convivência entre jovens, segundo os seus grupos de idade, ou entre grupos de meninos educandos e um velho educador, entre os gregos sempre se conservou a ideia de que todo o saber que se transfere pela educação circula através de trocas interpessoais, de relações física e simbolicamente afetivas entre as pessoas. Assim, a pederastia acaba sendo considerada em Esparta como a forma mais pura e mais completa de educação entre homens livres e iguais. Em toda a Grécia, a formação do nobre guerreiro apenas desenrola ao longo dos anos uma sequência de trocas entre um mestre e seus discípulos.

Aquilo que a cultura grega chama com pleno efeito de educação – *paideia* – dando à palavra o sentido de formação harmônica do homem para a vida da *polis*, através do desenvolvimento de todo o corpo e toda a consciência, começa de fato fora de casa, depois dos sete anos. Até lá, a criança convive com a sua *criação*, convivendo com a mãe e escravos domésticos.

Para além ainda do que entre os sete e os 14 anos se aprende com o mestre-escola, a verdadeira educação do jovem aristocrata é o fruto do lento trabalho de um ou de poucos mestres que acompanham o educando por muitos anos.

Em Atenas, por volta do século VI a.C., a educação deixa de ser uma prática coletiva, de estilo militar, destinada apenas à formação do cidadão nobre. Até então, mesmo no apogeu da democracia grega, a propriedade é restritamente comunal; pertence aos cidadãos ativos do Estado. O poder pertence aos estratos mais nobres desses cidadãos ativos, e a vida e o trabalho colocam de um lado os homens livres, senhores, e de outro, os escravos ou outros tipos de trabalhadores manuais expulsos do direito do saber que existe na *paideia*.

Durante muitos séculos, os "pobres" da Grécia aprenderam desde criança fora das escolas: nas oficinas e nos campos de lavoura e pastoreio. Os meninos "ricos" inicialmente aprenderam também fora da escola, em acampamentos ou ao redor de velhos mestres. Além das agências estatais de educação, como a *Efebia* de Esparta, que educava o jovem nobre-guerreiro, toda a educação fora do lar e da oficina é uma empresa particular, mesmo quando não é paga. Particular e restrita a muito pouca gente.

O que é educação 41

Apenas quando a democratização da cultura e da participação na vida pública colocam a necessidade da democratização do saber, é que surge a escola aberta a qualquer menino livre da cidade-Estado. A escola primária surge em Atenas por volta do ano 600 a.C. Antes dela havia locais de ensino de *metecos* e *rapsodistas* que aos interessados ensinavam "a fixar em símbolos os negócios e os cantos". Só depois da invenção da escola de primeiras letras é que o seu estudo é pouco a pouco incorporado à educação dos meninos nobres. Assim, surgem em Atenas escolas de bairro, não raro "lojas de ensinar", abertas entre as outras no mercado. Ali um humilde mestre-escola, "reduzido pela miséria a ensinar", leciona as primeiras letras e contas. O menino escravo, que aprende com o trabalho a que o obrigam, não chega sequer a essa escola. O menino livre e plebeu em geral para nela. O menino livre e nobre passa por ela depressa em direção aos lugares e aos graus onde a educação grega forma de fato o seu modelo de "adulto educado". Citação de Sólon, legislador grego:

"As crianças devem, antes de tudo, aprender a nadar e a ler; em seguida, os pobres devem exercitar-se na agricultura ou em uma indústria qualquer, ao passo que os ricos devem se preocupar com a música e a

Pequenas imagens gregas de terracota retratam o escravo pedagogo conduzindo a criança para a escola.

equitação, e entregar-se à filosofia, à caça e à frequência aos ginásios."

Xenofonte, historiador, poeta, filósofo e militar grego, criticaria essa concepção quase dois séculos depois:

"Só os que podem criar os seus filhos para não fazerem nada é que os enviam à escola; os que não podem, não enviam."

A educação do jovem livre vai em direção à *teoria*, que é o saber do nobre para *compreender* e *comandar*, e não para *fazer*, *curar* ou *construir*. Durante toda a Antiguidade, a única disciplina técnica (entendida como a de uma formação que aponta para um ofício determinado) é a medicina. Não há outras escolas coletivas de ensino técnico para o preparo de arquitetos, engenheiros ou agrimensores, por exemplo. Tal como ferreiros ou tecelões, eles aprendem de maneira simples e direta, na oficina e no trabalho, através do convívio com algum velho artífice.

Diferenças de *saber de classe* dos educandos produziram diferenças curiosas entre os tipos de educadores da Grécia antiga. De um lado, desprezíveis mestres-escola e artesãos-professores; de outro, escravos *pedagogos* e educadores nobres, ou *de* nobres. De um lado, a prática de *instruir* para o trabalho; de outro, a de *educar* para a vida e o poder que determina a vida social.

Dentre todos estes adultos transmissores de saber, vale a pena falar do *pedagogo*. Pequenas estatuetas de terracota guardam a memória dele. Artistas gregos representaram esses velhos escravos, quase sempre cativos estrangeiros – , conduzindo crianças a caminho da escola de primeiras letras. E por que eles e não os mestres que nas escolas ensinavam? Porque os escravos pedagogos condutores de crianças eram, afinal, seus educadores, muito mais do que os mestres-escola. Eles conviviam com a criança e o adolescente e, mais do que os pais, faziam a educação dos preceitos e das crenças da cultura da *polis*. O pedagogo era o educador por cujas mãos a criança grega atravessava os anos a caminho da escola, por caminhos da vida.

Nos primeiros tempos, mais do que filósofos ou matemáticos, os gregos foram guerreiros, músicos e ginastas. Assim, mais do que jurídica ou científica, a educação do cidadão livre era ética e artística (no pleno sentido que essas duas palavras possuíam na *paideia* grega), dentro de uma cultura pouco acostumada a separar a *verdade* da *beleza*. Mais tarde, sob a influência de Sócrates e Epicuro (um sujeito feio e outro doentio), é que a educação começa a ser pensada como formadora do espírito. Por muitos e muitos séculos, ela aponta para a harmonia que existe na beleza do corpo (e a destreza para a luta) ao lado da clareza da mente (e a fidelidade à *polis* dos cidadãos livres). Mesmo no nível da cultura letrada dos nobres, a civilização clássica não conservou sempre um único modelo ou estilo de saber, logo, de educação. Ela oscilou entre duas formas de algum modo antagônicas: a *filosófica*, cujo tipo dominante pode ser Platão, e a *oratória* (retórica), cujo tipo dominante pode ser Sócrates.

Depois de constituídas as classes de homens livres que regem a democracia dos gregos sobre a divisão do trabalho e a instituição do regime escravagista, para os seus adolescentes a educação coletiva não é uma atividade voluntária ou um direito de berço. É um dever imposto pela *polis* ao *livre*. Porque o seu exercício modela não um homem abstrato, sonho de poetas, mas o cidadão maduro para o serviço à comunidade, projeto do político. A "obra de arte" da *paideia* é a pessoa plenamente madura – como cidadão, como militar, como político – posta a serviço dos interesses da cidade-comunidade. Assim, o ideal da educação é reproduzir uma ordem social idealmente concebida como perfeita e necessária, através da transmissão, de geração a geração, das crenças, valores e habilidades que tornavam um homem tão mais perfeito quanto mais preparado para viver a cidade a que servia. E nada poderia haver de mais precioso a um homem livre e educado do que o próprio saber e a identidade de sábio que ele atribui ao homem.

Depois de haver conquistado a cidade onde vivia o filósofo Estilpão, Demétrio Poliorceto pretendeu indenizá-lo pelos prejuízos materiais que sofrera por causa da pilhagem. Quando pediu que fizesse o inventário do que lhe pertencera e fora destruído, Estilpão respondeu que nada havia perdido do que era seu, porque não lhe haviam roubado a sua cultura – παιδεια – dado que ainda conservava a eloquência e o saber.

O formador de jovens, o educador, o filósofo-mestre, como Sócrates, Platão e Aristóteles, reúnem à sua volta os seus alunos em suas escolas superiores. A escola filosófico-iniciática de Pitágoras, que interna educandos, cria regras próprias de conduta e lhes absorve boa parte do tempo da juventude, antecede a *Academia* de Platão, o *Liceu* de Aristóteles e a *Escola* de Epicuro. Mas são os filósofos sofistas que democratizam o ensino superior, tornando-o remunerado e, portanto, aberto a todos os que podem pagar. Após a longa crise de tirania por volta do século VI a.C., a vida social de Atenas possibilita a participação de todos os cidadãos livres, e isto recoloca a questão do preparo do homem para o exercício da cidadania, a questão de aprender para legislar e para estar de algum modo presente nas assembleias de representação política. Os sofistas transformam a educação superior em um tempo de formação do orador, quando a qualidade da retórica tem mais valor do que a busca desinteressada da verdade, exercício dos nobres dos períodos anteriores.

Aos poucos, até Aristóteles e Alexandre Magno, muito depressa durante a Civilização Helenística, a educação clássica passa por algumas mudanças: 1) ela vai do cultivo aristocrático do corpo e da mente, com vistas à formação do nobre guerreiro e dirigente, até a habilitação do cidadão livre, comum, para a carreira política; 2) ela vai de um domínio do "saber desinteressado", de fundo artístico-musical, para o literário, daí para o retórico, o livresco e o escolar (de aprender a sabedoria para aprender a *informação*); 3) ela vai das agências de reprodução restrita do saber de nobres, entre nobres, para o saber disponível, à venda em escolas pagas que educam da criança ao adulto.

Com o tempo, a educação clássica deixa de ser um assunto *privado*, posse e questão da comunidade dos nobres dirigentes, e passa a ser questão de Estado, pública. Aristóteles exige do imperador leis que regulem direitos e controlem o exercício da educação. Atrás das tropas de conquista de Alexandre Magno, os gregos levam as suas escolas por todo o mundo. Elas são, mais do que tudo, o meio de impedir que a distância da pátria de origem faça perder-se a cultura do vencedor entre os costumes e o saber dos vencidos.

Como seria possível fazer uma síntese dos princípios que orientaram toda a educação clássica criada pelos gregos? Ela foi sempre entendida como um longo processo pelo qual a cultura da cidade é incorporada à pessoa do cidadão. Uma trajetória de amadurecimento e formação (como a obra de arte, que aos poucos se modela), cujo produto final é o adulto educado, um sujeito perfeito segundo um modelo idealizado de homem livre e sábio, mas ainda sempre aperfeiçoável. Assim, a educação grega não é dirigida à criança no sentido cada vez mais dado a ela hoje em dia. De algum modo, é uma educação contra a criança, que não leva em conta o que ela é, mas olha para o modelo do que pode ser, e que anseia torná-la depressa o jovem perfeito (o guerreiro, o atleta, o artista de seu próprio corpo-e-mente) e o adulto educado (o cidadão político a serviço da *polis*).

Essa educação humanista de uma sociedade que deixa ao escravo e ao artesão livre o trabalho de fazer, desdenha a *técnica* e olha para "o homem todo", formado pela aprendizagem da *teoria* e pela prática do *gesto* que constroem o saber e o hábito do homem livre. Em seu pleno sentido, é uma educação ética, cujo saber conduz o sábio a viver, com a sua própria vida, o modelo de um modo de ser idealizado, tradicional, que é missão da *paideia* conservar e transmitir.

Finalmente, os gregos ensinam o que hoje esquecemos. A educação do homem existe por toda parte e, muito mais do que a escola, é o resultado da ação de todo o meio sociocultural sobre os seus participantes. É o exercício de viver e conviver o que educa. E a escola de qualquer tipo é apenas um lugar e um momento provisórios onde isso pode acontecer. Portanto, é a comunidade quem responde pelo trabalho de fazer com que tudo o que pode ser vivido-e-aprendido da cultura seja ensinado com a vida – e também com a aula – ao educando.

A EDUCAÇÃO QUE ROMA FEZ E O QUE ELA ENSINA

Os primeiros latinos foram camponeses aos poucos enriquecidos e, alguns, tornados nobres na península Itálica. Ali aconteceu como em tantas outras partes do mundo: classes sociais que com o tempo chegaram a ser "privilegiadas" e separaram a *direção do trabalho* do próprio *exercício do trabalho*, separando com isso as forças produtivas mentais das físicas, desempenharam antes funções úteis. Primeiro, entre os romanos, o trabalho é *entre todos* e o saber é *de todos*. Os primeiros reis de Roma punham com os súditos as mãos no arado e lavravam a terra.

Como entre os índios e como nos tempos de origem dos povos gregos, a educação dos camponeses latinos é comunitária e existe difusa em todo o meio social. Muito mais do que na Grécia, a educação da criança é uma tarefa doméstica. Na aurora da história do poder de Roma, ela foi uma lenta iniciação da criança e do adolescente nas tradições consagradas da cultura, e servia à consagração da tradicionalidade quase venerada de um modo camponês de vida, simples e austero. A criança começava a aprender em casa, com os mais velhos, e quase tudo o que aprendia era para saber e preservar os valores do mundo dos "mais velhos", dos seus antepassados.

Essa educação doméstica busca a formação da consciência moral. O adulto educado que ela quer criar é o homem capaz da renúncia de si próprio, de devotamento de sua pessoa à comunidade. São as virtudes do campesinato de todos os tempos e lugares o que dirige a primitiva educação de Roma, que exalta em verso e prosa a austeridade, a vida simples, o amor ao trabalho como supremo bem do homem, e o horror ao luxo e à ociosidade. Ao contrário do que aconteceu antes em Atenas, em Roma não há de início qualquer tipo de cuidado com a pura formação física e intelectual do cidadão ocioso, ocupado em pensar, governar e guerrear. A educação de uma comunidade dedicada ao trabalho com a terra foi, durante séculos, uma formação do homem para o trabalho e a vida, para a cidadania da comunidade igualada pelo trabalho.

Quando o mundo romano de camponeses enriquece com os excedentes da terra e das pilhagens de outros povos, quando opõe classes sociais e inventa o Estado, ele ainda defende a criança de ser entregue precocemente a alguma forma de educação estatal, militarizada, fora do lar. Entre os romanos, os primeiros educadores de pobres e nobres são o pai e a mãe. Mesmo os mais ricos, senhores de escravos, não entregam a um servo-pedagogo ou a uma governanta o cuidado dos filhos. Quando o menino completa, aos sete anos, o aprendizado cheio de afeição que recebe da mãe, ele passa para o pai, que não divide sequer com o mestre-escola o direito de educá-lo, ou seja, de formar a sua consciência segundo os preceitos das crenças e dos valores da classe e da sociedade.

Em Roma, portanto, ao contrário do que vimos acontecer em Atenas e principalmente em Esparta, a família prolonga o poder de socializar o cidadão e, através dela, a sociedade civil estende o alcance do seu modelo em toda uma primeira educação da criança. A partir de Homero, no alvorecer da história grega, o ideal da *paideia* é o herói da *polis*. Na educação romana, o modelo ideal é o ancestral da família, depois o da comunidade.

Quando uma nobreza romana enriquecida com a agricultura e com o saque abandona o trabalho da terra pelo da política e cria as regras do Império de que se serve, aquele primitivo saber comunitário divide-se e força a separação de tipos, níveis e agências de educação. Quando há livres e escravos, senhores e servos, começa a haver um mode lo de educação para cada um, e limites entre um modelo e outro.

Aos poucos, a educação deixa de ser o ensino que forma o pastor, o artífice ou o lavrador e, nas suas formas mais elaboradas, prepara o futuro guerreiro, o funcionário imperial e os dirigentes do Império. O sistema comunitário de base pedagógica familiar compete com outros. Gradativamente, aparece a oposição entre o ensino de *educar*, dos pais, dos mestres-pedagogos que convivem com os educandos e os acompanham, prolongando com eles o saber que forma a consciência, e que é a *sabedoria*; e o ensino de *instruir*, do mestre-escola que monta no mercado a *loja* de ensino e vende o saber de ler-e-contar como uma mercadoria.

O *ensino elementar* das primeiras letras apareceu em Roma antes do século IV a.C. Um tipo de ensino que podemos identificar com o *secundário* surgiu na metade do século III a.C. e o ensino que hoje em dia chamaríamos de *superior*, universitário, apareceu pelo século I a.C. Mas, durante quase toda a sua história, o Estado romano não toma a seu cargo a tarefa de educar, que ficou deixada à iniciativa particular, já não mais comunitária, como ao tempo em que os reis aravam a terra. Só depois do advento do cristianismo, por volta do século IV, é que surge e se espalha por todo o Império a *schola publica*, mantida pelos cofres dos municípios.

Nos tempos do domínio de Augusto e de Tibério, a criança, educada em casa pelos pais, aprendia depois dos sete anos as primeiras letras na escola (loja de ensino) do *ludimagister*. Aos 12 anos, ela estava pronta para frequentar a escola do *grammaticus* e, a partir dos 16, a do *lector*. Na sua forma mais simples, essa é a estrutura de educação que herdamos e conservamos até hoje.

Do lado de fora das portas do lar, a educação latina enfim separa em duas vertentes o que se pode aprender. Uma é a da *oficina de trabalho*, para onde vão os filhos dos escravos, dos servos e dos trabalhadores artesãos. Outra é a *escola livresca*, para onde vão o futuro senhor (o dirigente livre do trabalho e do Estado) e o seu mediador, o funcionário burocrata do Estado ou de negócios particulares.

Essa *educação de escola*, que os romanos criam em Roma copiando a forma e alguma coisa do espírito dos gregos, esses espalham primeiro pela península Itálica e depois por todo o mundo que conquistam na Europa, na Ásia e no Norte da África. Do mesmo modo como o sacerdote, o educador caminha atrás dos passos do general. A educação do conquistador invade, com armas mais poderosas do que a espada, a vida e a cultura dos conquistados. A educação que serve, longe da pátria, aos filhos dos soldados e funcionários romanos sediados entre os povos vencidos, serve também para impor sobre eles a vontade e a visão de mundo do dominador.

Plutarco descreveu como Roma usou a educação para "domar" os espanhóis dominados:

"As armas não tinham conseguido submetê-los a não ser parcialmente; foi a educação que os domou."

EDUCAÇÃO: ISTO E AQUILO, E O CONTRÁRIO DE TUDO

Ora, uma outra maneira de se compreender o que a *educação* é, ou poderia ser, é procurar ver o que dizem sobre ela pessoas como legisladores, pedagogos, professores, estudantes e outros sujeitos um tanto mais tradicionalmente difíceis de entender, como filósofos e cientistas sociais.

Nos dois dicionários brasileiros mais conhecidos, educação aparece definido assim:

"Ação e efeito de educar, de desenvolver as faculdades físicas, intelectuais e morais da criança e, em geral, do ser humano; disciplinamento, instrução, ensino."

(Dicionário contemporâneo da língua portuguesa Caldas Aulete)

"Ação exercida pelas gerações adultas sobre as gerações jovens para adaptá-las à vida social; trabalho sistematizado, seletivo, orientador, pelo qual nos ajustamos à vida, de acordo com as necessidades ideais e propósitos dominantes; ato ou efeito de educar; aperfeiçoamento integral de todas as faculdades humanas, polidez, cortesia." (Pequeno dicionário brasileiro de língua portuguesa Aurélio Buarque de Holanda)

Um pouco mais adiante, vamos ver que o miolo de cada uma dessas definições de dicionário pende para um dos lados em que se recortam as maneiras de explicar o que a educação é e a que serve.

Na "letra da lei" a coisa não muda muito. Ao pretenderem estabelecer os *fins da educação* no país, nossos legisladores, pelo menos em teoria, garantem para todos o melhor a esse respeito. Eles falam sobre o que deve determinar e controlar o trabalho pedagógico em todos os seus graus e modalidades. De certo modo, falam a respeito de uma educação idealizada, ou falam da educação do ponto de vista de uma ideologia (ver *O que é ideologia*, desta mesma coleção):

"Art. 1º. O ensino de 1º e 2º graus tem por objetivo geral proporcionar ao educando a formação necessária ao desenvolvimento de suas potencialidades como elemento de autorrealização, preparação para o trabalho e para o exercício consciente da cidadania." (*Lei 5.692, de 11 de agosto de 1971.*)

Mas, do outro lado do palco, intelectuais, educadores e estudantes fazem e refazem todos os dias a crítica da prática da educação no Brasil. Eles levantam questões e afirmam que, do Ministério à escolinha, a educação nega no cotidiano o que afirma na lei. Não há liberdade no país e a educação não tem tido papel algum nos últimos anos para a conquista da primeira; não há igualdade entre os brasileiros e a educação consolida a estrutura classista que pesa sobre nós; não há nela nem a consciência nem o fortalecimento dos nossos verdadeiros valores culturais.

Um grupo de estudantes candidatos à direção da UNE resume parte dessa crítica e reclama para a luta estudantil itens que, com alguma variação de linguagem, quase poderiam caber nas "leis do ensino".

"Os homens discriminados como negros, velhos, crianças, homossexuais, mulheres... descobrem que, nestes anos todos de dominação, a força imensa que mexeu e transformou a face do planeta nasce de cada oprimido, de cada explorado, de cada homem, de cada mulher.

Descobrem a origem e o fim de toda a atividade humana: o próprio homem.
Corações e mentes se abrem para uma nova vida. Irrompe uma nova consciência. A percepção ampla e profunda das ações e relações entre os homens é inerente e inseparável de qualquer trabalho de produção, veiculação ou discussão cultural.
E buscar todos os meios para que todo esse trabalho floresça, para que toda essa força contida venha à tona, é função nossa, das entidades estudantis.
Criar condições para que, através da manifestação de todos, possamos perceber os anseios, as contradições de cada um, do homem e de toda a sociedade.
Ampliar as ideias sobre o trabalho cultural. Abranger o homem, as suas relações, as discriminações raciais, sexuais, etárias, a moral, o poder, a dominação.
Romper os limites, soltar a cabeça, as mãos, os pés, o corpo para a realidade inquieta, questionadora.
Destruir as regras do jogo.
Subir no palco e invadir os camarins do mundo.
Assumir o papel de agentes da História. Representar a vida." (Voz Ativa – Cultural)

Sem rodeios, as "leis do ensino" no país garantem que:

"Art. 41. A educação constitui dever da União, dos Estados, do Distrito Federal, dos Territórios, dos Municípios, das empresas, da família e da comunidade em geral, que entrosarão recursos e esforços para promovê-la e incentivá-la.

Parágrafo único. Respondem, na forma da lei, solidariamente com o Poder Público, pelo cumprimento do preceito constitucional da obrigatoriedade escolar, os pais ou responsáveis e os empregadores de toda natureza de que os mesmos sejam dependentes.

Art. 42. O ensino nos diferentes graus será ministrado pelos poderes públicos e, respeitadas as leis que o regulam, é livre à iniciativa particular.

Art. 43. Os recursos públicos destinados à educação serão aplicados preferencialmente na manutenção e desenvolvimento do ensino oficial, de modo que se assegurem:

a) maior número possível de oportunidades educacionais;

b) a melhoria progressiva do ensino, o aperfeiçoamento e a assistência ao magistério e aos serviços de educação;

c) o desenvolvimento científico e tecnológico."
(*Lei 5.692, de 11 de agosto de 1971.*)

Mas, se entre o pensado e o vivido há diferenças, as pessoas do país protestam e cobram de quem faz a lei, que pelo menos ela seja cumprida: que haja liberdade na educação e, através dela, que a escola exista para todos e seja distribuída por igual entre todos. Assim, os docentes universitários reunidos num Encontro Nacional de Associações escreveram o seguinte no documento final:

"O regime político e o modelo socioeconômico impostos nos últimos anos à Nação Brasileira produziram danos marcantes na qualidade do ensino de nossas escolas, seja pela repressão político-ideológica que se abateu sobre toda a comunidade, seja pelo caráter flagrantemente antidemocrático de suas leis e decretos, que se reflete na elaboração e modificação ilegítimas de regimentos e estatutos das Universidades.
A política educacional implantada levou à progressiva desobrigação do Estado com o custeio da Educação e à expansão do ensino privado. Assim, a educação está aberta à ação dos empresários do ensino, sujeita às leis da iniciativa privada, sendo negociada como mercadoria entre as partes interessadas em vender e comprar, o que

revela o caráter elitista do atual processo educacional no Brasil." (Boletim Nacional das Associações de Docentes, nº 3)

A fala do poder que constitui a educação no país propõe o exercício de uma prática idealizada. A fala dos praticantes da educação, os educadores, faz então a crítica da distância que há entre a promessa e a realidade. Faz mais, denuncia a alteração para pior das próprias leis que dizem o que é e como deve ser a *educação no Brasil*.

Não há apenas ideias opostas ou ideias diferentes a respeito da educação, sua essência e seus fins. Há interesses econômicos e políticos que se projetam também sobre ela. Não é raro que aqui, como em toda parte, a fala que idealiza a educação esconda, no silêncio do que não diz, os interesses que pessoas e grupos têm para os seus usos. Pois, do ponto de vista de quem a controla, muitas vezes definir a educação e legislar sobre ela implica justamente ocultar a parcialidade desses interesses, ou seja, a realidade de que eles servem a grupos, a classes sociais determinadas, e não tanto "a todos", "à Nação", "aos brasileiros". Do ponto de vista de quem responde por fazer a educação funcionar, parte do trabalho de pensá-la implica justamente desvendar o que faz com que a educação, na realidade, negue e renegue o que oficialmente se afirma dela na lei e na teoria.

Mas a razão de desavenças é anterior e, mesmo entre educadores, ela tem alguns fundamentos na diferença entre modos de compreender o que o ato de ensinar afinal é, o que o determina e, finalmente, a *que* e a *quem* ele serve.

PESSOAS *VERSUS* SOCIEDADE: UM DILEMA QUE OCULTA OUTROS

Quando alguém tenta explicar o que são estes nomes e o que eles envolvem: *educação, escola, ensino*, a fala que explica pode pender para um lado ou para o outro de uma velha discussão. Uma discussão ontem quente, hoje em dia inútil, a não ser quando serve para revelar o que se esconde por detrás do pensar a *educação* desta maneira ou daquela.

De acordo com as ideias de alguns filósofos e educadores, a educação é um meio pelo qual o homem (a pessoa, o ser humano, o indivíduo, a criança etc.) desenvolve potencialidades biopsíquicas inatas, mas que não atingiriam a sua perfeição (o seu amadurecimento, o seu desenvolvimento etc.) sem a aprendizagem realizada por meio da educação. Pode até ser que haja formas próprias de auto educação, mas é de suas práticas interativas (interpessoais), coletivas, que se está falando quando se escreve um livro sobre filosofia da educação, por exemplo. Assim como a própria sociedade é um corpo coletivo formado da individualidade das pessoas que a compõem, e assim como o seu fim é a felicidade de seus membros, a quem todas as suas instituições devem servir, assim também a educação, como *ideia* (a definição, a "filosofia"), deve ser pensada em nome da pessoa e, como *instituição* (a escola, o sistema pedagógico) ou como *prática* (o ato de educar), deve ser realizada como um serviço coletivo que se presta a cada indivíduo, para que ele obtenha dela tudo o que precisa para se desenvolver individualmente.

Muitas vezes, entre os que pensam assim, a dimensão *subjetiva* da educação é ressaltada e, não raro, toma conta de todo o espaço em que seu processo está sendo pensado. Não importa considerar sob que condições sociais e através de que recursos e procedimentos externos a pessoa aprende, mas apenas a pensar o ato de aprender do ponto de vista do que acontece do educando para dentro.

"A Educação não é mais do que o desenvolvimento consciente e livre das faculdades inatas do homem." (Sciacca);

"A Educação é o processo externo de adaptação superior do ser humano, física e mentalmente desenvolvido, livre e consciente, a Deus, tal como se manifesta no meio intelectual, emocional e volitivo do homem." (Herman Horse);

"O fim da Educação é desenvolver em cada indivíduo toda a perfeição de que ele seja capaz." (Kant); *"É toda a espécie de formação que surge da influência espiritual."* (Krieck).

Quando a *Enciclopédia brasileira de moral e civismo*, editada pelo Ministério de Educação e Cultura, define educação pensando, talvez, em expressar uma ideia consensual, ela de fato repete o ponto de vista das definições anteriores. Vejamos:

"Educação. Do latim 'educere', que significa extrair, tirar, desenvolver. Consiste, essencialmente, na formação do homem de caráter. A educação é um processo vital, para o qual concorrem forças naturais e espirituais, conjugadas pela ação consciente do educador e pela vontade livre do educando. Não pode, pois, ser confundida com o simples desenvolvimento ou

crescimento dos seres vivos, nem com a mera adaptação do indivíduo ao meio. É atividade criadora, que visa a levar o ser humano a realizar as suas potencialidades físicas, morais, espirituais e intelectuais. Não se reduz à preparação para fins exclusivamente utilitários, como uma profissão, nem para desenvolvimento de características parciais da personalidade, como um dom artístico, mas abrange o homem integral, em todos os aspectos de seu corpo e de sua alma, ou seja, em toda a extensão de sua vida sensível, espiritual, intelectual, moral, individual, doméstica e social, para elevá-la, regulá-la e aperfeiçoá-la. É processo contínuo, que começa nas origens do ser humano e se estende até à morte."

Se voltarmos às duas definições de dicionários brasileiros de algumas páginas atrás, veremos que a da enciclopédia concorda mais com a primeira do que com a segunda. Uma enfatiza o que acontece da pessoa para dentro; a outra, o que acontece dela para fora, em direção à sociedade em que vive e na qual aprende.

A meio caminho entre um lado e outro, algumas propostas lembram que aquela formação do ser humano segundo as suas próprias potencialidades e através de seu próprio esforço é o resultado de um trabalho intencional, deliberado, aquilo que faz da *educação* a parte mais motivada da *endoculturação*, como eu disse várias páginas atrás. Essa ação dirigida ao educando procede de um educador, de uma agência de educação, ou do que existe de educativo no meio sociocultural.

"Educação é um sentido de valorização individual e organizado, variável em extensão e profundidade para cada indivíduo e processado pelas riquezas culturais." (Kerschensteiner);
"É a influência deliberada e consciente exercida sobre o ser maleável e inculto, com o propósito de formá-lo." (Cohn).

Um pouco mais perto dos que nos esperam do outro lado dessa aparente história de "ovo-e-galinha", estão alguns estudiosos da educação que consideram que não só a pessoa, individualmente, mas alguma coisa indicada como "a civilização", "o meio social" ou "a sociedade" deve ser o destino do homem educado:

"Podemos agora definir de modo mais preciso o objeto da educação: é guiar o homem no desenvolvimento dinâmico, no curso do qual se constituirá como pessoa humana – dotada das armas do conhecimento, do poder de julgar e das virtudes morais – transmitindo-lhe ao

mesmo tempo o patrimônio espiritual da nação e da civilização às quais pertence e conservando a herança secular das gerações." (Maritain); *"A educação é a organização dos recursos biológicos individuais e das capacidades de comportamento que tornam o indivíduo adaptável ao seu meio físico ou social."* (William James).

Procuremos refletir um pouco sobre tudo isso. Ao discutir os ideais da educação entre os gregos, Werner Jaeger lembra uma coisa muito importante. Não é sempre e não são todos os povos e homens que consideram a educação apenas como o que vimos até aqui. Na verdade, essa é uma maneira de "imaginar" característica da nobreza de todos os povos em que ela existiu, em todos os tempos. É próprio de elites separadas do trabalho produtivo – ou dos intelectuais que pensam o mundo por elas e para elas – propor como educação a formação da personalidade humana através do conselho sistemático e da direção espiritual.

Essa crítica, do mesmo modo como algumas feitas nos primeiros capítulos, aqui, procura separar o que a educação é, de fato, do que as pessoas dizem dela. Jaeger não entra no mérito da veracidade de algumas ideias sobre a educação. Afinal, quem poderia negar que a educação deve servir ao homem, deve servir para educá-lo, torná-lo melhor, desenvolver nele tudo o que tem, e tudo a que tem direito? Quero insistir em que muitas vezes o que se critica em quem apresenta a educação, tal como ela apareceu até aqui, não é o que foi dito, mas o que ficou oculto: a) ou porque quem disse não sabe de onde vem a educação, o que ela é em cada mundo real e o que faz; b) ou porque quem disse sabe, mas explica a educação justamente para negar a sua origem, os seus mecanismos e os seus usos. Como é possível compreender alguma coisa que se passa entre relações sociais de categorias de homens, que educam transmitindo de uns a outros crenças e valores sociais, que servem tanto a igualar quanto a diferenciar as pessoas de acordo com projetos de usos do saber situados fora dos sonhos do educador, sem pensá-la dentro dos mundos reais onde acontecem as trocas, também reais, entre os homens, verdadeiros homens de carne e osso, situados de um lado e do outro da educação?

Na verdade, quem descobriu que na prática o "fim da educação" são os interesses da sociedade, ou de grupos sociais determinados, através do saber que forma a consciência que pensa o mundo e qualifica o trabalho do homem educado, não foram filósofos do passado ou cientistas sociais de hoje. Essa é a maneira natural dos povos primitivos, com quem estivemos até há pouco, *tratarem* a educação de suas crianças, mesmo quando eles não sabem *explicar* isso com teorias complicadas.

Os índios e os camponeses realizam, no modo como ensinam o que é importante para alguém aprender, a consciência de que o saber que se transmite de um ao outro deve servir de algum modo a todos. Mas o que Werner Jaeger diz é que justamente nas formações sociais mais desenvolvidas, nas quais por sobre o trabalho de muitos aparece a elite dominante de uns poucos, surge com o tempo a ideia de uma educação que deve servir a alguns homens *individualmente*, desvinculada da ideia de que eles existem dentro de grupos ou mundos sociais e a seu serviço. Essa maneira de compreender para que serve a educação é decorrência de um "esquecimento", ou de um ocultamento de que, afinal, por mais louvável que seja, a educação é uma prática social entre outras.

Entre os gregos, vimos que a educação dos jovens nobres, que viviam do trabalho de escravos estrangeiros e que, quando adultos, participavam da direção da cidade, procurava desenvolver o corpo e a inteligência para formar homens fortes e sábios destinados à defesa e à política da comunidade. O que a distância poderia parecer a formação do ocioso era, na verdade, uma aprendizagem feita durante um longo período de ócio nobre (separação do trabalho braçal) para a formação do homem político. A educação grega e, depois, a de Roma preocupavam-se em formar o *cidadão* e eram, portanto, educações *da* e *para* a comunidade.

No mundo ocidental, é depois do advento e da difusão do cristianismo que aparecem ideias sobre a educação que isolam o saber da sociedade e o submetem ao destino individual do cristão. O homem que aprende busca na sabedoria a perfeição que ajuda na salvação da alma. Mas não é o cristianismo primitivo o que sugere a "educação humanista", de que os cursos de "humanidades" que houve no Brasil até há pouco tempo são o melhor exemplo. Foi necessário que, a partir de Roma, o Estado cristianizado e as elites de sua sociedade tomassem posse da mensagem cristã de militância e salvação, fazendo dela parte de sua ideologia. Tornando-a o repertório de símbolos e valores pelos quais representavam o mundo, representavam-se nele e, assim, legitimavam, com as palavras originalmente dirigidas a pobres e deserdados, a sua posição de domínio econômico e de hegemonia política sobre eles.

Foi então preciso o advento de uma nobreza plenamente separada do trabalho produtivo e, cada vez mais, até mesmo do trabalho político – entregue nas mãos de intelectuais mediadores de seus interesses – para que surgisse uma classe de gente capaz de representar o mundo quase fora dele. Essa elite ociosa e seus intelectuais, sacerdotes, filósofos e artistas puderam imaginar como "puras" a vida, a arte, a ciência e até mesmo a educação.

Esta começa a representar *realmente* alguma coisa (pensa, faz pensar, constrói sistemas de pensamento) sem representar coisa alguma de *real*; sem conseguir explicar mais, para si própria e para as outras classes, o que são de fato os homens, o mundo e as relações concretas entre o mundo e os homens. Ora, é a partir desse universo de ideias *puras* que a educação afinal é pensada como o exercício do educador sobre a alma do educando, com o propósito de purificá-la do mal que existe na ignorância do saber que conduz à salvação.

Da Antiguidade decadente à Idade Média, da Idade Média ao Renascimento (um tempo da história rico em redefinições da ideia de educação) e do Renascimento à Idade Moderna, foi preciso esperar muitos séculos para que de novo os brancos civilizados aprendessem a repensar a educação como os índios. E uma nova maneira de definir a educação como uma prática social cuja origem e destino são a sociedade e a cultura foi formulada com muita clareza pelo sociólogo francês Émile Durkheim.

Ele sacode a poeira de um assunto que só aos poucos foi recolocado na Europa de seu tempo, nos últimos anos do século XIX. Se o fim da educação é desenvolver no homem toda a perfeição de que ele é capaz, que "perfeição" é essa? De onde é que ela procede? Quem a define e a quem serve? Por que, afinal, ideais de perfeição são tão diversos de uma cultura para outra? É falso imaginar uma educação que não parte da vida real: da vida tal como existe e do homem tal como ele é. É falso pretender que a educação trabalhe o corpo e a inteligência de sujeitos soltos, desancorados de seu contexto social na cabeça do filósofo e do educador, e que os aperfeiçoe para "si próprios", desenvolvendo neles o saber de valores e qualidades humanas tão idealmente universais que apenas existem como imaginação em toda parte e não existem como realidade (como vida concreta, como trabalho produti vo, como compromisso, como relações sociais) em parte alguma.

O que existe de fato são exigências sociais de formação de tipos concretos de pessoas na e para a sociedade. São, portanto, modos próprios de educar – por isso, diferentes de uma cultura para outra – , necessários à vida e à reprodução da ordem de cada tipo de sociedade, em cada momento de sua história. Não se trata de dizer que a educação tem, também, de modo abstrato e muito amplo, um compromisso com a "cultura", com a "civilização", ou que ela tem um vago "fim social". O que ocorre é que ela é inevitavelmente uma prática social que, por meio da inculcação de tipos de saber, reproduz tipos de sujeitos sociais.

"A educação é a ação exercida pelas gerações adultas sobre as gerações que não se encontram ainda preparadas para a vida social; tem por objeto suscitar e desenvolver na criança certo número de estados físicos, intelectuais e morais reclamados pela sociedade política no seu conjunto e pelo meio especial a que a criança, particularmente, se destina." (Durkheim)

Entre muitas outras, esta é uma maneira sociológica de compreender a educação. Depois de Durkheim (que, por sua vez, aprendeu isso com outros cientistas anteriores e, quem sabe?, com alguns índios), inúmeros sociólogos, antropólogos, filósofos e educadores começaram a formular pontos de vista semelhantes. Não é que eles tivessem a proposta de uma "nova educação", menos abstrata e desancorada do que a "Educação Humanista" que criticavam. O que eles buscaram fazer foi esclarecer mais e mais como a sociedade e a cultura são e *funcionam*, na realidade. Como, portanto, a educação existe dentro delas e funciona sob a determinação de exigências, princípios e controles sociais.

SOCIEDADE CONTRA ESTADO: CLASSE E EDUCAÇÃO

A ideia de que não existe coisa alguma de social na educação e de que, como a arte, ela é "pura" e não deve ser corrompida por interesses e controles sociais pode ocultar o interesse político de usar a educação como uma arma de controle, e dizer que ela não tem nada a ver com isso. Mas o desvendamento de que a educação é uma prática social pode ser também feito numa direção ou noutra e, tal como vimos antes, pode se dividir em ideias opostas, situadas de um lado ou do outro da questão.

Vamos por partes, portanto. Até aqui chegamos: a educação é uma prática social (como a saúde pública, a comunicação social, o serviço militar) cujo fim é o desenvolvimento do que na pessoa humana pode ser aprendido entre os tipos de saber existentes em uma cultura, para a formação de tipos de sujeitos, de acordo com as necessidades e exigências de sua sociedade, em um momento da história de seu próprio desenvolvimento. Não procurei inventar uma nova definição, porque delas acho que já há demais. Procurei reunir as ideias correntes entre os que concebem a educação como Durkheim.

Assim, dos dois historiadores da educação de cujos livros aprendi quase tudo o que disse sobre Grécia e Roma, um deles dirá o seguinte:

"Primeiro que tudo, a educação não é uma propriedade individual, mas pertence por essência à comunidade. O caráter da comunidade imprime-se em cada um dos seus membros e é no homem (...) muito mais que nos animais, fonte de toda a ação e de todo o comportamento. Em nenhuma parte o influxo da comunidade nos seus membros tem maior força que no esforço constante de educar, em conformidade com o seu próprio sentir, cada nova geração." (Werner Jaeger)

Toda a estrutura da sociedade está fundada sobre códigos sociais de inter-relação entre os seus membros e entre eles e os de outras sociedades. São costumes, princípios, regras de modos de ser às vezes fixados em leis escritas ou não. "A educação é, assim, o resultado da consciência viva duma norma que rege uma comunidade humana, quer se trate da família, duma classe ou duma profissão, quer se trate dum agregado mais vasto, como um grupo étnico ou um Estado." Como outras práticas sociais constitutivas, a educação atua sobre a vida e o crescimento da sociedade em dois sentidos: 1) no desenvolvimento de suas forças produtivas; 2) no desenvolvimento de seus valores culturais. Por outro lado, o surgimento de tipos de educação e a sua evolução dependem da presença de fatores sociais determinantes e do desenvolvimento deles, de suas transformações. A maneira como os homens se organizam para produzir os bens com que reproduzem a vida, a forma de ordem social que constroem para conviver, o modo como tipos diferentes de sujeitos ocupam diferentes posições sociais, tudo isso determina o repertório de ideias e o conjunto de normas com que uma sociedade rege a sua vida. Determina também *como* e *para que* este ou aquele tipo de educação é pensado, criado e posto a funcionar.

Quando são transformados a "maneira", a "forma" e o "modo" de que falei acima, tanto as ideias quanto as normas, os sistemas e os métodos de um tipo de educação são modificados.

O que é educação

Ao fazer a sua crítica, Émile Durkheim perguntava a pensadores da educação que considerava ilustres, mas ingênuos: que "perfeição" é essa? "Mas, o que se deve entender pelo termo perfeição?" Ele quer perguntar o seguinte: quem afinal estabelece os ideais e os princípios da educação?

Uns e outros são universais? Existiram para todos os povos, em todos os tempos, de uma mesma maneira, pelo fato de que é sempre a mesma a "essência do homem"? Pode ou deve existir uma espécie de "educação universal"? Durkheim conclui que não. E conclui que o ponto fraco das ideias pedagógicas que avaliou está na crença ilusória (ilusória sempre, ou, algumas vezes, mal-intencionada?) de que há, ou deveria haver, uma "educação ideal, perfeita, apropriada a todos os homens, indistintamente".

Até aí, tudo bem. Assino embaixo. Mas será que não poderíamos fazer a Durkheim, leitor, a pergunta que ele fez aos outros? Quando fala de *sociedade* e, mesmo, de *sociedades concretas*, do que está falando? De que tipo de sociedades, regidas por quais modos e mecanismos internos de produção de bens, de serviços, de poder e de ideias entre os seus integrantes? Ele responderia com segurança: "cada uma"; cada tipo de sociedade real, histórica, cria e impõe o tipo de educação de que necessita. E arremataria:

"Na verdade, porém, cada sociedade, considerada em momento determinado de seu desenvolvimento, possui um sistema de educação que se impõe aos indivíduos de modo geralmente irresistível. É uma ilusão acreditar que podemos educar nossos filhos como queremos... Há, pois, a cada momento, um tipo regulador de educação do qual não nos podemos separar sem vivas resistências, e que restringem as velocidades dos dissidentes."

No entanto, o que é "cada sociedade considerada em um momento determinado de seu desenvolvimento"? É preciso reforçar algumas perguntas e fazer outras. Afinal, "cada sociedade" existe e funciona como um todo orgânico e harmônico, fundado sobre a igualdade *entre* todos e o consenso de todos? Dentro dela, em posições especiais de privilégio, de hegemonia e de controle sobre outros, não existirão classes sociais capazes de impor *uma educação* que fazem criar e existir? Para seu uso próprio e por sobre outras classes e grupos sociais (mais do que "em nome deles"), não há, em determinadas sociedades concretas, classes e grupos, às vezes muito minoritários, que resolvem por sua conta como será e para que servirá a "educação oficial"? Ou, perguntando de outra maneira, já que cada tipo de sociedade – a "tribal" de índios Gê, do Brasil Central; a chinesa após a revolução socialista; a indiana do século V a.C.; a da Alemanha medieval ou mesmo a de uma aldeia de camponeses dentro dela; a portuguesa colonialista do século XVII; a do Brasil "pós-1964" – inventa e faz a sua educação ou as suas educações, nos sistemas mais oficiais, mais organizados, em projetos e programas pedagógicos: essas propostas são pensadas a partir das ideias fundamentais de todos os tipos de pessoas? As mesmas escolas servem ao operário, ao engenheiro e ao capitalista imobiliário do mesmo modo (como as leis brasileiras de ensino garantem que sim e os professores críticos garantem que não)? Uma educação ensina o saber da "comunidade nacional" a todos, para os mesmos usos sociais, e segundo os mesmos direitos individuais de todas as categorias de seus "adultos educados"?

Ora, entre os que colocam "sociedade e cultura" no meio da questão da educação, alguns *pesquisam* e apenas *reconhecem* que ela é, na cultura, uma prática social de reprodução de categorias de saber através da formação de tipos de sujeitos educados. Outros *projetam* e *defendem* a necessidade deste ou daquele tipo de educação para este ou aquele tipo de sociedade.

Entre estes últimos, um pensamento muito corrente hoje em dia é o de que a educação é um dos principais meios de realização de *mudança social* ou, pelo menos, um dos recursos de adaptação das pessoas a um "mundo em mudança". Esse modo de imaginar tende a ser dominante atualmente. Mas ele não fazia sentido para gregos e romanos e nem mesmo para os portugueses e missionários que tentaram educar nossos antepassados durante o período colonial.

A ideia de que a educação não serve apenas à *sociedade*, ou à *pessoa na sociedade*, mas à *mudança social* e à formação consequente de sujeitos e agentes na/da mudança social, pode não estar escrita de maneira direta nas "leis do ensino". Afinal, as leis quase sempre são escritas por quem pensa que nem elas nem o mundo vão mudar um dia. Mas as suas consequências podem aparecer indiretamente. Por exemplo, na Lei 5.692, conhecida como Lei de Diretrizes e Bases da Educação Nacional e já citada neste livro, os fins da educação acrescentam a *formação para* o *trabalho*, ou enfatizam esse *objetivo* do ato de ensinar, mais do queas leis anteriores:

"O ensino de 1º e 2º graus tem por objetivo geral proporcionar ao educando a formação necessária ao desenvolvimento de suas potencialidades como elemento de autorrealização, preparação para o trabalho e para o exercício consciente da cidadania."

Quando a ideia de educação vem associada à de adaptação para alguma coisa externa à pessoa, e que se transforma, a proposta pode ser formulada assim: "Educação é preparação da criança para uma civilização em mudança" (Kilpatrik), ou assim:

"Em uma sociedade dinâmica como a nossa, só pode ser eficaz uma educação para a mudança. Esta (educação) consiste na formação do espírito isento detodo dogmatismo, que capacite a pessoa para elevar-se acima da corrente dos acontecimentos, ao invés de arrastar-se por eles." (Mannheim)

Um outro nome para a educação pode ser até mesmo sugerido, quando se constata, por exemplo, que o rumo e a velocidade das transformações do mundo moderno exigem cada vez mais, de todos os homens, uma constante reciclagem de conhecimentos e uma contínua readaptação a um mundo que, afinal, ainda é sempre o mesmo e já é sempre um outro.

"A Educação Permanente é uma concepção dialética da educação, como um duplo processo de aprofundamento, tanto da experiência pessoal quanto da vida social, que se traduz pela participação efetiva, ativa e responsável de cada sujeito envolvido, qualquer que

seja a etapa de existência que esteja vivendo. (...) O primeiro imperativo que deve preencher a Educação Permanente é a necessidade que todos nós temos de sempre aperfeiçoar a nossa formação profissional. Num mundo como o nosso, em que progridem ciência e suas aplicações tecnológicas cada dia mais, não se pode admitir que o homem se satisfaça durante toda a vida com o que aprendeu durante uns poucos anos, numa época em que estava profundamente imaturo. Deve informar-se, documentar-se, aperfeiçoar a sua destreza, de maneira a se tornar mestre da sua práxis. O domínio de uma profissão não exclui o seu aperfeiçoamento. Ao contrário, será mestre quem continuar aprendendo."
(Pierre Furter)

Não será estranho que, aqui e ali, a proposta de uma educação apareça armada do poder de realizar, ela própria, o trabalho de transformar a sociedade. Quando esse tipo de proposta considera a educação como uma entre outras práticas sociais cujo efeito sobre as pessoas cria condições necessárias para a realização de transformações indispensáveis, a sugestão é aceitável e realista. Nada se faz entre os homens sem a consciência e o trabalho dos homens, e tudo o que tem o poder de alterar a qualidade da consciência e do trabalho tem o poder de participar de sua *práxis*

e de ser parte dela. No entanto, quando a educação é imaginada – agora pelo utopista social – como o único ou principal instrumento de qualquer tipo de transformação de estruturas políticas, econômicas ou culturais, sem que haja a lembrança de que ela própria é determinada por estas estruturas, estamos diante de pequeno acesso de "utopismo pedagógico".

"Se educação é transformação de uma realidade, de acordo com uma ideia melhor que possuímos, e se a educação só pode ser de caráter social, resultará que pedagogia é a ciência de transformar a sociedade." (Ortega y Gasset)

Associar "educação" a "mudança" não é novidade. Tem sido um costume desde pelo menos as primeiras décadas do século XX. Mas só um pouco mais tarde, quando políticos e cientistas começaram a chamar a "mudança" de "desenvolvimento" (desenvolvimento social, socioeconômico, nacional, regional, de comunidades etc.), é que foi lembrado que a educação deveria associar-se a ele também. Esse foi o momento de uma transição importante. Antes de se difundirem pelo mundo ideias de *mudança* e de necessidade de *mudança social*, a educação era pensada como alguma coisa que preserva, que conserva, que resguarda

O utopismo pedagógico: uma farsa.

justamente de se mudarem, de se perderem, as tradições, os costumes e os valores de "um povo", "uma cultura" ou "uma civilização". Antes de se inventarem *políticas de desenvolvimento*, a educação era prescrita como um *direito da pessoa*, ou como uma *exigência da sociedade*, mas nunca como um *investimento*. Um investimento como outros, como os de saúde, transporte e agricultura. A educação deixa finalmente de ser vista como um privilégio, um direito apenas, e deixa também de ser percebida como um meio somente de adaptação da pessoa à mudança que se faz sem ela, e que apenas a afeta depois de feita.

Pessoas educadas (qualificadas como "mão de obra" e motivadas enquanto "sujeitos do processo") são agentes de mudança, promotores do desenvolvimento, e é para torná-los, mais do que *cultos*, *agentes*, que a educação deve ser pensada e programada. Não é raro que em alguns países se defenda, então, que as propostas básicas da educação venham quase prontas do Ministério do Planejamento para o da Educação.

"A Educação é hoje considerada como um fator de mudanças: um dos principais instrumentos de intervenção na realidade social com vistas a garantir a evolução econômica e a evolução social e dar continuidade à mudança no sentido desejado(...).

Salienta-se, no entanto, um aspecto em que a educação representa investimento a curto prazo: é quando ela desempenha função de formação de mão de obra. Ao lado da formação da personalidade, da preparação necessária de cada cidadão para assumir as obrigações sociais e políticas, a educação desempenha a tarefa de preparar para o trabalho, e influi substancialmente na criação de novos quadros de mão de obra com capacidades técnicas adequadas aos novos processos produtivos que o desenvolvimento introduz criando novos mercados de trabalho." (Sagmacs – Educação e planejamento)

"Investimento", "mão de obra", "preparação para o trabalho", "capacidades técnicas adequadas" são os nomes que denunciam o momento em que os interesses políticos de emprego de uma força de trabalho "adequadamente qualificada" misturam a educação antiga da *oficina* com a da *escola*, reduzem o seu compromisso aristocrata com a "pura" formação da personalidade e inscrevem o ato de educar entre as práticas político-econômicas das "arrancadas para o desenvolvimento". Arrancadas que, nas sociedades capitalistas são de modo geral estratégias de reorganização de toda a vida social, de acordo com projetos e interesses de reprodução do capital. De multiplicação dos ganhos das empresas capitalistas.

O que é educação 89

Esta é a crítica que tem sido feita por cientistas e educadores que, sem deixarem de reconhecer com Durkheim que a educação existe na sociedade, dentro da cultura, procuram compreender *como* ela existe aí e sob que condições é praticada contra o homem, ou a seu favor.

Ora, às vezes, mais útil do que comprar e discutir o conteúdo de estilos diferentes de definições ou propostas de tipos de educação, é procurar ver de onde eles vêm. Quem diz, em nome de quem e para quê?

A variação da maneira como o triângulo educação-ensino-escola tem sido formulado no Brasil pelas pessoas que possuem o poder, direto ou indireto, de determinar como ele vai existir, dá o que pensar. Até alguns anos atrás, o universo da educação estava dividido por aqui tal como na Grécia e em Roma há muitos séculos. As crianças filhas de pais "das boas famílias" iam às escolas, mesmo que por poucos anos. As escolas eram particulares, "abertas" por professores avulsos ou pelas ordens religiosas. Eram pagas, algumas custavam caro e as poucas crianças pobres que aprendiam "de graça" aprendiam nos orfanatos ou nos anexos dos colégios religiosos.

Os escravos e os filhos dos deserdados da fortuna – lavradores livres, artistas pobres, artesãos – aprendiam "no ofício". Rara vez um deles alisava com o traseiro magro o banco de madeira de alguma escola, razão por que o país tinha, até há poucos anos, um dos maiores índices de analfabetismo em todo o mundo.

Havia, portanto, duas educações em curso. Uma era a *da escola*, destinada aos filhos das "gentes de bem". Ali, fora o ensino de primeiras letras, havia cursos, sempre não profissionalizantes, que ensinavam latim, grego, literatura e música para os que chegavam até depois dos estudos primários. Mesmo nas três primeiras décadas do século XX, até entre os mais ricos eram raras as pessoas que faziam algum curso superior. Havia poucas faculdades isoladas e a nossa universidade mais antiga, a de São Paulo, só tem 75 anos.

Outra era a da *oficina*, misturada com a *da vida*, destinada pelos ossos do ofício aos filhos "da pobreza". Analfabetos "de pai e mãe", mas excelentes lavradores, mineradores, pedreiros, carapinas, ou rives, ferreiros, esses homens "rudes", porque "sem cultura", de acordo com a visão das elites, mas sábios do saber que faz o trabalho produtivo, fizeram a riqueza e as obras do país e de cada uma de suas cidades.

"Mestre carapina, conhecido na história da cidade, queria dizer carpinteiro, mas sua atividade não se

circunscrevia apenas a este ofício. Eram engenheiros práticos: estes escravos calculavam a construção de um sobrado e o construíam. Isso ocorreu até a metade do século passado com sobrados que chegam até nossos dias e foram construídos por estes engenheiros (toda a parte de taipa, armação do telhado de grande dimensão), sendo que os engenheiros graduados só chegavam na fase final para terminar a construção. A velha Igreja do Carmo foi feita só por 'mestres carapinas', como muitos outros prédios cujos construtores podem ser identificado ainda hoje." (Celso Maria de Mello Pupo, sobre a cidade de Campinas, em São Paulo.)

Nas primeiras décadas do século XX, políticos e educadores liberais trouxeram ideias novas para a educação no país. Entre outras coisas eles começaram a falar de uma escola mais dirigida à vida de todo dia e mais estendida a todas as pessoas, ricas ou pobres. A "luta pela democratização do ensino" resultou na escola pública. Resultou no reconheci mento político do *direito de estudar* para todas as pessoas, através de escolas gratuitas e de ensino leigo, oferecido pelo governo.

Há quem diga que isso foi o resultado de um confronto entre "liberais" e "conservadores" na política, confronto que invadiu a questão da educação. De um lado, ficaram os que falavam em nome das elites agrárias tradicionalistas e acostumadas a padrões ultrapassados de domínio político. De outro, ficaram os que falavam em nome das novas elites capitalistas, atentas a novos tempos e problemas que batiam nas portas do mundo e do Brasil. No entanto, o que eu quero ressaltar é que esses políticos e educadores liberais – alguns deles sem dúvida lúcidos e bem – intencionados – ao pregarem ideias de uma educação voltada para a vida, a mudança, o progresso, a democracia, traduziam ao mesmo tempo o imaginário democrático de seu tempo e, por outro lado, o projeto político que servia aos interesses de novos donos do poder e da economia. E, tal como aconteceu em outros setores da sociedade brasileira, as inovações propostas para a educação propiciaram novos tipos de usos políticos de todo o aparato pedagógico, adaptando-o à realidade de novos tempos e a novos modelos de controle do exercício da cidadania e de preparação de "quadros" qualificados para o trabalho das fábricas. Indústrias que primeiro o capital brasileiro e, depois, o internacional, começaram a semear pelo país.

Como tipos de intelectuais (educadores, filósofos, legisladores, cientistas sociais) constituídos e sustentados, direta ou indiretamente, pelos novos donos do poder, quase todos os militantes de uma nova educação souberam lutar com entusiasmo por torná-la mais aberta e democrática por dentro e por fora, sem saber muitas vezes que as suas ideias apenas consolidavam outros projetos políticos para a educação. Eles substituíam outros intelectuais, aqueles cujas ideias pedagógicas serviram aos interesses políticos dominantes de outros tempos, e que não tinham mais lugar nem poder, porque eram as ideias que traduziam os interesses de preservação de um tipo de ordem social inadequada no Brasil, diante das mudanças aos poucos existentes nas relações de produção de bens e de poder.

Por uma porta, os filhos dos pobres começam a entrar nas escolas públicas. Por outra, o país ingressa, enfim, em tempos de transferência do capital da agricultura para a indústria, e de poder e pessoas do campo para a cidade. Então, políticos e educadores começam a chamar a atenção para a evidência de que, mesmo nas escolas públicas, o ensino escolar era inadequado. Não servia para preparar o cidadão para a vida nem para preparar o trabalhador para o trabalho, em qualquer um dos seus níveis. Quando as exigências de ordem e trabalho do capital redefiniram aos poucos *a vida* e *o trabalho*, a ideia de que, além de uma vaga "personalidade do educando", a educação tinha compromissos para com a *vida social*

e o *trabalho produtivo* passou a figurar entre leis e projetos de escolarização no país.

Esse progressivo ingresso da criança pobre nas salas das escolas, associado a uma redefinição do ensino escolar em direção ao trabalho produtivo, não fez mais do que trazer para dentro dos muros do colégio a divisão anterior entre o aprender-na-oficina para o *trabalho subalterno* e o aprender-na-escola para o *trabalho dominante*.

Algumas pesquisas de sociólogos americanos, realizadas desde a década de 1950, confirmam que, mesmo nos Estados Unidos, o filho do operário estuda para ser o operário que acaba sendo, e o filho do médico para ser médico ou engenheiro. Apesar de ser, também lá, um projeto teórico de reprodução da igualdade, a educação da sociedade capitalista avançada reproduz na moita e consagra a desigualdade social, sem esquecer de fazer alarde em festa de formatura quando algum filho de operário consegue sair formado da Faculdade de Engenharia.

Em um dos mais importantes estudos elaborados sobre o assunto, dois franceses, Christian Baudelot e Roger Establet, demonstram que a escola capitalista francesa superpõe ao sistema oficial de ensino – aquele que é proclamado como democraticamente aberto a todos – uma divisão entre duas redes "heterogêneas... opostas... antagônicas". É claro que essa oposição real, que existe sob uma unidade *proclamada*, não é oficialmente aceita. Não é reconhecida como existente e determinante do sistema pedagógico francês pelos seus ideólogos. Mas é através *do que* separa e de *como* separa quem entra e quem sai das escolas que a educação capitalista cumpre a sua função de reproduzir e consagrar a desigualdade, afirmando que existe como um instrumento democrático de produção da igualdade social através do acesso ao saber.

Uma rede é a de tipo PP, *primário-profissional*, limite dos estudos para os filhos do povo destinados, e também por ela, aos padrões do trabalho operário. Outra rede é a de tipo SS, *secundário-superior*, destinada aos filhos dos ricos, enviados, também por ela, às pontes de comando do trabalho "superior".

Então, essa educação que incorpora o povo ao ensino oficial, que arranca o menino proletário da oficina e o deseja pelo menos por alguns anos na escola, será a educação que serve a ele? Que serve pelo menos *também* a ele?

Este é o momento de voltarmos juntos, leitor, a algumas páginas do começo desta conversa sobre ensinar-e-aprender. O tipo de formação social em que nós vivemos não é como o de uma pequena aldeia tribal, embora haja muitas delas em nosso mundo. Não é sequer como na Grécia, de onde saiu o modelo de nossa educação, o lugar da *polis*, onde pelo menos nos melhores tempos vigorou a democracia de todos os cidadãos livres, mesmo que ela tenha sido sustentada pelo trabalho dos escravos. Vivemos aqui, hoje, dentro de uma ordem social regida por um sistema amplo e muito complexo de relações de produção entre tipos de meios e produtores que se costuma chamar de *modo de produção capitalista*. Embora possa ser fatigante e parecer agressivo, é muito pouco real pensar, seja a educação, seja quase tudo o mais que acontece por aqui, sem levar em conta que são tipos de trocas regidos pela oposição entre o capital e o trabalho.

Ora, por toda parte, em sociedades como a nossa, grupos nacionais ou estrangeiros que repartem entre si a propriedade e o controle direto dos meios de produção dos bens de que se nutrem as pessoas e seu mundo concentram entre si o poder de constituir, em seu proveito, o tipo de *Estado* que, por sua vez, reproduz *serviços* e *normas* de segurança, de propriedade, de direito, de saúde e até de educação, serviços e normas que servem, em conjunto, para manter coesa e, se possível, em relativa paz a ordem social de que se nutre o capital, ou seja, aquela ordem em que ele se multiplica.

Esta é uma afirmação comum, hoje em dia, entre os que pensam sobre a educação sem se iludirem com as condições de sua existência real. É também uma crítica que se confirma a todo momento, inclusive por meio de dados estatísticos. Ela não vale só para um país de economia pobre e dependente como o nosso, situado, como diriam os economistas, "na periferia do sistema capitalista". Vale também para os países de economia desenvolvida, os da "metrópole" do sistema.

Em um estudo sobre "a educação como processo social", o norte-americano Wilbur Brookover concluiu que em seu país a educação: a) tem o seu controle situado em mãos "de elementos conservadores da sociedade"; b) é dirigida de modo a impedir mudanças significativas, "exceto nas áreas em que os grupos dominantes desejam a mudança"; c) na melhor das hipóteses, pode atuar como um agente interno de mudanças sociais, não como um agente externo, ou seja, capaz de provocar por sua conta mudanças significativas; d) não é acreditada como criadora de um possível "mundo melhor", a não ser quando "outras forças também operam como agências de mudanças".

Dentro de um tipo de ordem social assim dividida, a educação (como tantas outras coisas da vida e dos sonhos de todos os homens) perde a sua dimensão

A autoridade do mestre na educação dita democrática.

de um *bem* de *uso* e ganha a de um *bem de troca*. Ela não vale mais pelo que é e pelo que representa para as pessoas. Não é mais um *dom do fazer* que existe no ensinar o saber, que é um outro dom de todos e que a todos serve. A educação *vale* como um bem de mercado, e por isso é paga e, às vezes, custa caro. Vale como um instrumento cujos segredos se programam nos gabinetes onde estão os emissários dos intermediários dos interesses políticos postos sobre a educação. Esta é a sua dupla dimensão de valor capitalista: a) valer como alguma coisa cuja posse se detém para uso próprio ou de grupos reduzidos, que se vende e compra; b) valer como um instrumento de controle das pessoas, das classes sociais subalternas, pelo poder de difusão das ideias de quem controla o seu exercício.

Então, o que parece inacreditável faz parte da própria lógica do modo como a educação existe na sociedade desigual. Quando pensada como uma "filosofia" ou uma "política de educação", ela se apresenta juridicamente como um bem de todos, de que o Estado assume a responsabilidade da distribuição em nome de todos. Mas sequer as pessoas a quem a educação serve, em princípio, são de algum modo consultadas sobre como ela deveria ser. A educação que chega à favela chega pronta na escola, no livro e na lição. Os pais favelados dos alunos são convocados a matricular os seus filhos como se aquilo fosse um posto de recrutamento. Não são convocados, por exemplo, a debaterem com os professores como eles pensam que a escola da favela poderia ser uma verdadeira agência de serviços à sua gente. Mesmo que fossem, as suas ideias por certo não sairiam do caderno de anotações da diretoria. Mas não são só os pais e as crianças faveladas os que não têm direitos de pensar na educação da favela. Mesmo os cidadãos ricos e letrados não têm poder algum sobre as ideias que determinam a educação de seus filhos, e a imensa massa dos próprios educadores da linha de frente do trabalho pedagógico (professores, diretores de escola, orientadores, supervisores educacionais) tem o poder do exercício da reprodução das ideias prontas *sobre* a educação e dos conteúdos impostos à educação. Mas não têm nem o direito nem o poder de participar das decisões político-pedagógicas sobre a educação que praticam. Elas estão reservadas aos donos do poder político e às pequenas confrarias de intelectuais constituídas como seus porta-vozes pedagógicos. Poucos espaços de trabalho social são hoje tão pouco comunitários e democratizados entre os seus diferentes praticantes como a educação.

E, em qualquer tipo de ordem social, quanto mais a educação autoritária e classicista é expressão de um poder autoritário de uma sociedade classista, tanto mais ela procura apresentar-se como uma prática humanamente legítima, exercida em nome de leis legítimas e "para o bem de todos". A ideologia que fala através das leis, decretos e projetos da educação autoritária nega acima de tudo que ela seja uma pedagogia contra o homem – contra a verdadeira liberdade do homem – através do saber, liberdade que existe através da verdadeira igualdade entre os homens.

Por isso, há "leis do ensino" que afirmam com fé de ofício os valores de uma suposta *democracia* feita através da educação, e que é a alma dos conteúdos de seu ensino. Essas afirmações teóricas ocultam o fato real de que o exercício dessa educação consagra a desigualdade que esta deveria destruir. Afirmar como ideia o que nega como prática é o que move o mecanismo da educação autoritária na sociedade desigual.

A ESPERANÇA NA EDUCAÇÃO IX

Se a educação é determinada fora do poder de controle comunitário dos seus praticantes, educandos e educadores diretos, por que participar dela, da educação que existe no sistema escolar criado e controlado por um sistema político dominante? Se na sociedade desigual ela reproduz e consagra a desigualdade social, deixando no limite inferior de seu mundo os que são para ficar no limite inferior do mundo do trabalho (os operários e filhos de operários) e permitindo que minorias reduzidas cheguem ao seu limite superior, por que acreditar ainda na educação? Se ela pensa e faz pensar o oposto do que é, na prática do seu dia a dia, por que não forçar o poder de pensar e colocar em prática uma outra educação?

A resposta mais simples é: "porque a educação é inevitável". Uma outra, melhor, seria: "porque a educação sobrevive aos sistemas e, se em um ela serve à reprodução da desigualdade e à difusão de ideias que legitimam a opressão, em outro pode servir à criação da igualdade entre os homens e à pregação da liberdade". Uma outra ainda, poderia ser: "porque a educação existe de mais modos do que se pensa e, aqui mesmo, alguns deles podem servir ao trabalho de construir um outro tipo de mundo".

"Reinventar a educação" é uma expressão cara a Paulo Freire e aos seus companheiros do Instituto de Desenvolvimento e Ação Cultural. De algum modo, eles a aprenderam na África, trabalhando como educadores junto a educadores de países como a Guiné-Bissau e as ilhas de São Tomé e Príncipe, que se haviam tornado independentes de Portugal e tratavam de reinventar, mais do que só a educação, a sua própria vida social. O mais importante nesta palavra, "reinventar", é a ideia de que a educação é uma invenção humana e, se em algum lugar foi feita um dia de um modo, pode ser mais adiante refeita de outro, diferente, diverso, até oposto. Muitas vezes um dos esforços mais persistentes em Paulo Freire é um dos menos lembrados. Ao fazer a crítica da educação capitalista, que ora chamou também de "educação bancária", ora de "educação do opressor", ele sempre quis desarmá-la da ideia de que ela é maior do que o homem. De que as pessoas são um produto da educação, sem que ela mesma seja uma invenção das pessoas, em suas culturas, vivendo as suas vidas. Ele sempre quis livrar a educação de ser um *fetiche*. De ser pensada como uma realidade supra-humana e, por isso, sagrada, imutável, e assim por diante. Ao contrário do que acontece com os deuses, para se crer na educação é preciso primeiro dessacralizá-la. É preciso acreditarque, antes, determinados tipos de homens criam determinados tipos de educação, para que, depois, ela recrie determinados tipos de homens. Apenas os que se interessam por fazer da educação a arma de seu poder autoritário tornam-na "sagrada" e o educador, "sacerdote". Para que ninguém levante um gesto de crítica contra ela e, através dela, ao poder de onde procede.

Por isso, muitas páginas atrás comecei falando sobre ensinar-e-aprender como alguma coisa que começa com os bichos (quem sabe com as plantas, com os seres "brutos" do Universo?) e que, entre nós, homens, existe por toda parte. Procurei corrigir a visão estreita de que a educação se confunde com

Nas "zonas libertadas" durante as lutas contra o colonialismo, uma escola na Guiné-Bissau.

a *escolarização* e se encontra só no que é "formal", "oficial", "programado", "técnico", "tecnocrático". Se em algumas páginas falei dela como um entre outros instrumentos de desigualdade e alienação, em outras imaginei-a como uma aventura humana.

A educação existe em toda parte e faz parte dela existir entre opostos. O que vimos juntos, leitor, acontecer na Grécia repete-se mil vezes em mil tempos de outros mundos sociais. Entre sujeitos igualados pelo trabalho comum e o saber comunitário, também a educação pertence do mesmo modo a todos e, se existe diferente para alguém, é para especializar, para o uso de todos, o seu saber e o seu trabalho. Mais do que *poder*, portanto, ela atribui *compromissos* entre as pessoas.

Quando o fruto do trabalho acumula os bens que dividem o trabalho, a sociedade inventa a posse e o poder que separa os homens entre categorias de sujeitos socialmente desiguais. A posse e o poder dividem também o saber entre os que sabem e os que não sabem. Dividem o trabalho de ensinar tipos de saber a tipos de sujeitos e criam, para o seu uso, categorias de trabalhadores do saber-e-do-ensino.

É a partir daí que a educação aparece como *propriedade*, como *sistema* e como *escola*. O controle sobre o saber se faz em boa medida através do controle sobre o que se ensina e a *quem* se ensina; de modo que, através da educação erudita, da educação de elites ou da educação "oficial", o saber *oficialmente* se transforma em instrumento político de poder. Ele abandona a *communitas*, de que fez parte um dia, e ingressa na *estrutura* dos aparatos de controle. O "processo grego" repete-se então: a educação da comunidade, a escola, a oposição entre a educação-de-educar e a educação-de-instruir, a passagem da aprendizagem coletiva para o ensino particular, o controle do Estado. Em primeiro lugar, em algum tempo ela existe difusa no meio so cial de que todos participam e é ativamente exercida nos diferentes círculos naturais da sociedade: a família, o clã, o grupo de idade, o grupo de socius. Mais adiante, a educação especializa-se sob a égide da escola, mas a escola particular do mestre avulso ainda é uma extensão da sociedade civil. Mais tarde ainda, a própria educação escolar cai sob o poder de decisão do Estado que, quando autoritário e classista, exerce a educação para o controle da sociedade civil, da comunidade de todos.

Onde surgem interesses desiguais e, depois, antagônicos, o processo educativo, que era unitário, torna-se partido, e depois, imposto. Há educações desiguais para classes desiguais; há interesses divergentes sobre a educação, há controladores. Grupos desiguais não só participam desigualmente da educação – dos *nobres*, dos *funcionários*, dos *artesãos* – como são também por ela destinados desigualmente ao trabalho: para *dirigir*, para *executar*, para *produzir*.

Mas, assim como a vida é maior do que a *forma*, a *educação* é maior do que o *controle formal* sobre a educação. Alguns pesquisadores têm descoberto hoje o que existe há milênios. Por toda parte as classes subalternas aprenderam a criar e recriar uma cultura de classe – mesmo quando aproveitando muitos elementos dominantes que lhes foram impostos como ideias ou como práticas e também formas próprias de *educação do povo*. As oficinas de que falei aqui e ali são um exemplo que vem da Antiguidade até nossos dias. Mas podem não ser o melhor exemplo.

O que existe, na verdade, nas comunidades de subalternos é a preservação de tipos de saber comunitários e de meios comunitários de sua transferência de uma geração para outra. Como sempre se faz a história da educação erudita e formal quando se discute o *que é educação*, sempre se deixa de lado esse seu *outro lado*. À margem da vida dos dominantes, dos escravos aos boias-frias de hoje, os subalternos souberam criar, dentro dos limites estreitos em que sempre lhes foi permitido "criar" alguma coisa sua, os seus modos próprios de saber e de viver. Eles inventaram os seus códigos de trocas no interior da classe e entre classes.

Sempre que possível, criaram formas peculiares de solidariedade para dentro da classe, e de resistência e manipulação para fora dela. Elaboraram as suas crenças e valores de representação do mundo, mesmo quando observando a escrita da ideologia dos seus senhores. Construíram estilos e tecnologias rústicas dirigidos aos seus usos do cotidiano. Inventaram rituais sagrados e profanos. Tudo isso, a que se dá o nome de "cultura popular", e que às vezes se vê a partir da academia como um amontoado de coisas pitorescas, faz parte de sistemas populares de vida e de representação da vida, e tem uma lógica e densidade de que apenas levantamos o primeiro véu, depois de tantas pesquisas.

Pois todo esse trabalho *tradicional* de classe que sustenta um modo próprio de vida subalterna é sustentado por formas próprias e, muitas vezes, popularmente muito complexas de saber. É sustentado também por sistemas próprios de reprodução do saber popular, que implicam não apenas relações simples, como as de um pai lavrador com um filho aprendiz, mas também redes e estruturas pedagógicas de que desconhecemos quase tudo. Isso é evidente em muitas situações: na capoeira da Bahia, nas confrarias populares de foliões de Santos Reis, numa quadrilha de pivetes ou numa equipe rústica de construtores de casas.

Esses modos próprios de uma *educação dos subalternos* têm um teor político de que pouco se suspeita. Assim como a *educação do sistema dominante* possui o valor político dos serviços que presta aos que a controlam, enquanto ensina desigualmente aos que a recebem, assim também as formas próprias de educação do povo servem a ele como redes de resistência a uma plena invasão da educação e do saber "de fora da classe".

A própria maneira como uma população de favelados se relaciona com a escola pode ser um bom exemplo disso. Quando há escola pública na favela, os pais mandam os filhos para ela. Quando não há, as "comissões de bairro" lutam para que haja. Mas quem envia os filhos não se compromete com a escola. Os esforços de professores e diretores para que haja um maior intercâmbio entre "a escola" e "a comunidade" resultam quase sempre em fracasso. Quando em alguma favela a coisa dá resultado, às vezes o secretário de Educação vai visitar o local e, se possível, leva junto a TV Globo. O descompromisso dos adultos para com a escola pública não é devido à falta de tempo. Muitos destes pais gastam o corpo, o tempo e o dinheiro por meses a fio nos preparos do "bloco do bairro", ou da "escola de samba". Eles fazem assim porque tratam a escola "do governo" como tratam as suas outras agências: o posto de saúde, a delegacia, a agência de bem-estar social. Tratam como locais para serviços de emergência e, ao mesmo tempo, como postos invasores de um tipo de domínio de classe indesejável. Se tratam a educação dos seus filhos como coisa que se passa "no mundo dos brancos", é porque têm também as suas formas próprias, tradicionais, de reprodução do saber. Por isso tratam o "bloco" e a "escola de samba" como coisa sua, de seu mundo. Sem o saber que existe na fala, mas cheios do saber que existe na prática, os subalternos criam e recriam a sua própria educação. E ela não existe só para difundir o *saber*, mas para reforçar o *resistir*. Alguns estudos de antropólogos franceses na África, confirmados por outros feitos, por brasileiros, aqui no Brasil, demonstram como existe uma sábia arma de resistência popular justamente naquilo que nos acostumamos a desprezar, por ver como "tradicional", "atrasado", "primitivo". A aparente "primitividade" do pobre contra a invasão sobre ele da "modernidade" do senhor é um meio popular avançado de lutar por manter e recriar uma identidade própria de subalterno (de índio, de negro, de colonizado, de escravo, de camponês), de manter o seu próprio saber e as suas próprias redes de educação.

Quando, em alguma parte, setores populares da população começam a descobrir formas novas de luta e resistência, eles redescobrem também velhas e novas formas de "atualizar" o seu saber, de torná-lo *orgânico*. Criam por sua conta e risco, ou com a ajuda de agentes-educadores eruditos, outras formas de associação, como os sindicatos, os movimentos populares, as associações de moradores. Esses grupos, que geram outros tipos de mestres entre as pessoas do povo, geram também outras situações vivas de aprendizagem popular. Eu não tenho dúvidas em afirmar que é entre as formas novas de participação popular, nas brechas da luta política, que, hoje em dia, surgem as experiências mais inovadoras de educação no Brasil. Os professores tradicionais e os tecnocratas da pedagogia são cegos para elas, mas é ali que as propostas mais avançadas de "educação e vida", "educação na prática" etc. são criadas e testadas.

Mais do que isso, em algumas partes do país, comunidades populares tentam inventar agora tipos de *escolas comunitárias* que antecipariam, em uma plena democracia, o exercício de uma "educação como prática da liberdade". Aquela que, sendo sustentada economicamente pelo poder público, fosse política e pedagogicamente controlada pelas comunidades onde se exercesse.

O que é educação 113

De outra parte, mesmo nos setores eruditos da educação oficial, é preciso compreender que ela existe em muito mais situações do que dentro do sistema e na sala de aula. Ao lado das inovações pedagógicas que provocam a reinvenção do trabalho escolar, a mesma relação de opostos sobre-existe entre a formalidade da *estrutura* e a permanente oposição que fazem a ela as inúmeras pequenas *communitas* de sujeitos envolvidos, de um modo ou de outro, com o sistema de educação.

De um lado, os próprios professores que trabalham como educadores (como sujeitos de suas diversas categorias de especialistas) nas escolas, colégios e universidades, aprendem a se organizar também como categorias políticas e profissionais de *trabalhadores da educação*. As associações de tipos de especialistas do ensino e, mais ainda, as associações de categorias de docentes são o resultado do desenvolvimento da consciência política do educador.

De outro lado, os alunos criam e recriam as suas unidades de organização, os seus grêmios, grupos de arte e de cultura. Quem poderia esquecer que as experiências de *Educação Popular* e de *Cultura Popular* no Brasil foram iniciadas dentro dos primitivos serviços de Extensão Universitária, como o da Universidade Federal de Pernambuco, onde nasceu o Método

Paulo Freire de Alfabetização, ou como os Movimentos de Cultura Popular e os Centros Populares de Cultura, vinculados ao movimento estudantil e às suas unidades de mobilização?

Só os formalistas pedagógicos podem enxergar *educação* apenas dentro dos sistemas restritos da *pedagogia* (que, aliás, até hoje não se sabe ao certo se é uma ciência, uma prática especializada ou uma teoria de educação, ou, quem sabe, nada disso).

Somente eles poderiam discutir, como questões da educação, problemas de método, de operacionalidade curricular, de programação sistemática e assim por diante. Instrumentos úteis, sem dúvida, mas pequenas algemas de controle quando empregados sem a crítica do lugar e do sentido de tudo isso. Só o educador "deseducado" do saber que existe no homem e na vida poderia ver *educação* no *ensino escolar*, quando ela existe solta entre os homens e na vida. Quando, mesmo ao redor da escola e da universidade, ela está no *sistema* e na oposição a ele; na sala de aula em ordem, e no dia de greve estudantil; no trabalho rigoroso e persistente do professor-e-pesquisador e, ao mesmo tempo, no trabalho político do professor-militante.

Essa é a esperança que se pode ter na educação. Desesperar da ilusão de que todos os seus avanços e melhoras dependem apenas de seu desenvolvimento tecnológico. Acreditar que o ato humano de educar existe tanto no trabalho pedagógico que ensina na escola quanto no ato político que luta na rua por um outro tipo de escola, para um outro tipo de mundo.

E é bem possível que até mesmo neste "outro mundo", um reino de liberdade e igualdade buscado pelo educador, a educação continue sendo *movimento* e *ordem*, *sistema* e *contestação*. O saber que existe solto e a tentativa escolar de prendê-la num tempo e num lugar. A necessidade de preservar na consciência dos "imaturos" o que os "mais velhos" consagraram e, ao mesmo tempo, o direito de sacudir e questionar tudo o que está consagrado, em nome do que vem pelo caminho.

INDICAÇÕES PARA LEITURA

Para quem tiver fôlego e coragem, há dois livros importantes a respeito da ideia de educação entre os gregos (de onde veio a nossa, através de Roma) e sobre a educação na Antiguidade Clássica. Um é o *Paideia: a formação do homem grego*, de Werner Jaeger (Herder) e o outro, a *História da educação na Antiguidade*, de Henri-Irenée Marrou (Herder/Edusp). Ainda sobre história da educação, a Editora Pedagógica e Universitária publicou *Educação e sociedade na Primeira República*. Trata-se de um estudo sobre a educação brasileira escrito por Jorge Nagle. Finalmente, um livro simples e muito útil é a *História da pedagogia*, publicado pela Cia. Editora Nacional e escrito por René Hubert.

* * *

Quem quiser conhecer o pensamento de um dos principais educadores brasileiros deve ler os trabalhos de Fernando de Azevedo, publicados pela Melhoramentos e pela Cia. Editora Nacional. Leia especialmente: *A educação na encruzilhada* e *Novos caminhos e novos fins*. Vale a pena ler também a sua *Sociologia da educação*.

* * *

Ainda sobre a abordagem sociológica da educação, existem alguns livros que são coletâneas de vários autores. Um deles, publicado há algum tempo, mas ainda atual, é *Educação e sociedade*, organizado por Luis Pereira e Maria Alice Foracchi e publicado pela Cia. Editora Nacional. Alguns artigos históricos sobre a educação, a sociedade e a cultura, como um de Durkheim, foram reunidos nesse livro. A mesma editora tem uma longa série de livros sobre educação. Vale a pena ler *Democracia e educação*, de John Dewey, um dos livros essenciais para se compreender o movimento da Escola Nova no Brasil. De modo geral, todos os livros de Anísio Teixeira, outro educador dos tempos de renovação da pedagogia no Brasil, podem ser lidos. São também publicados pela mesma editora.

* * *

A Editora Vozes tem uma das melhores coleções de livros sobre educação. Trata-se de *Educação e Tempo Presente*. Destaco dela os três livros de Pierre Furter: *Educação e reflexão, educação e vida* e *Educação permanente e desenvolvimento cultural*. Na mesma linha de pensamento, existe o *Educação e ideologia*, de Sinésio Bacchetto. Dois outros livros de leitura simples e de um bom poder de explicação de questões básicas da educação em nosso tempo são: *Fenomenologia da educação*, do argentino Gustavo Cirigliano e *Pedagogia de nosso tempo*, de Ricardo Nassif. Outra abordagem sociológica da educação brasileira foi realizada por Ângelo Domingos Salvador, em *Cultura e educação brasileira*. Resta ainda da coleção o desafiante estudo de Ivan Illich, *Sociedade sem escolas*. Da mesma editora, há um pequeno livro bastante útil, escrito por Suzana Albornoz Stein: *Por uma educação libertadora*.

* * *

Alguns estudos sobre a universidade brasileira: *A universidade temporã*, publicado pela Ed. Civilização Brasileira, de Luis Antônio Cunha, de quem todos os outros livros podem ser lidos sem susto e com um grande proveito, especialmente *Educação e desenvolvimento social no Brasil. A universidade brasileira em busca de sua identidade*, de Maria de Lourdes de A. Fávero, publicado pela mesma coleção *Educação e Tempo Presente*, da Vozes. Sobre o movimento estudantil, além dos seus próprios escritos, há uma pesquisa que não pode deixar de ser lida. É o estudo de José Augusto Guilhon Albuquerque, *Movimento estudantil e consciência social na América Latina*, publicado pela Paz e Terra.

* * *

Sobre questões relativas a educação e ideologia, entre os livros mais recentes quero destacar três: *Prática educativa e sociedade*, de Jether Pereira Ramalho, da Editora Zahar; *Ideologia e hegemonia*, de Niuvênius Junqueira Paoli, da Editora Cortez e, finalmente, *Paulo Freire e o nacionalismo – desenvolvimentista*, de Vanilda Paiva, publicado pela Civilização Brasileira.

* * *

De modo geral, são muito úteis e cobrem uma ampla gama de questões os livros publicados pela Editora Cortez (antiga Cortez e Moraes). Essa editora tem lançado estudos recentes sobre questões concretas da educação brasileira.

Dentro da linha em que a educação foi discutida, aqui há muitos outros livros. Três de acesso fácil são os escritos por Pedro Benjamin Garcia: *Educação: modernização ou dependência*; por Cláudio L. Salm: *Escola e trabalho*; e por María Teresa Nidelcoff: *Uma escola para o povo*. O primeiro é da Livraria Francisco Alves e os dois últimos da Brasiliense. Lauro de Oliveira Lima tem vários livros publicados e todos eles são introduções desafiadoras às questões quentes da educação no Brasil: ler pelo menos *O impasse na educação*, da Vozes; *Tecnologia, educação e democracia*, da Civilização Brasileira e *Escola no futuro*, da Editora Encontro.

Absolutamente essencial é o livro de Demerval Saviani, *Educação brasileira, estrutura e sistema*, da Editora Saraiva.

* * *

A Editora Brasiliense lançou em 1980 talvez o mais inteligente e também o mais motivante (e desafiador) livro sobre a educação para quem queira fazer sobre ela uma leitura de introdução crítica. Trata-se de *Cuidado, escola!*, escrito pela equipe do Instituto de Desenvolvimento e Ação Cultural, fundado por Paulo Freire.

* * *

Há uma série de livros a respeito de educação popular e, entre eles, é indispensável a leitura de pelo menos alguns de Paulo Freire. Os dois primeiros: *Educação como prática da liberdade*, editado pela Paz e Terra, e *Pedagogia do oprimido*, da mesma editora. Entre os mais recentes, não perder *Cartas de Guiné-Bissau*. Outras cartas de Paulo Freire estão em *A questão política da educação popular*, que editei pela Brasiliense. Ler ainda o excelente *Educação popular e conscientização*, da Vozes, escrito pelo uruguaio Julio Barreiro. Não perder, ainda, *Vivendo e aprendendo*, da equipe do IDAC e publicado pela Brasiliense. Sobre a própria história da educação popular no Brasil, é importante ler: *Educação popular e educação de adultos*, de Vanilda Pereira Paiva, editado pela Loyola; *Estado e educação popular*, de Celso Rui Beisiegel, da Pioneira; e, finalmente, *Política*: educação popular, de Sílvia Maria Manfredi, publicado pela Símbolo.

* * *

Até aqui, falei apenas sobre livros de história e crítica sociológica da educação. Mas sobre questões de pedagogia e de psicologia aplicada à educação existe uma relação bastante maior. Entre os livros de acesso mais fácil estão todos os publicados pela Cia. Editora Nacional. Vale a pena procurar também uma entre outras revistas especializadas, como a *Revista Brasileira de Estudos Pedagógicos*, publicada pelo INEP (Instituto Nacional de Estudos Pedagógicos), do Ministério da Educação e Cultura. O próprio MEC edita ainda uma outra revista importante: *Educação*.

* * *

Revistas sobre educação existem muitas. Uma abordagem sociológica está em *Educação e Sociedade*, do Cedes, distribuída pela Editora Cortez. Em outra direção, dirigida ao professor, existe *Sala de Aula*, publicada pelo Centro de Estudos Anísio Teixeira.

SOBRE O AUTOR

Nasci no Rio de Janeiro em abril de 1940. Vivi ali 26 anos e, também ali, um dia, me formei psicólogo na PUC. Mas eram tempos em que começávamos a criar movimentos e centros de cultura popular. Participei intensamente de tudo aquilo e o que vivi então teve mais influência sobre minhas ideias e práticas posteriores do que meu próprio curso. Porque queria ser mais um educador e um pesquisador do que propriamente um psicólogo, fui viver primeiro em Brasília e depois, por vários anos, em Goiânia. Faz muitos anos que estou em Campinas e na Unicamp. Em 1967, ingressei como professor na vida universitária, primeiro em Brasília (UnB), depois em Goiânia (UFG) e agora em Campinas. Tornei-me antropólogo, primeiro por conta própria e depois, por meio de cursos na UnB e na USP. Dedico-me hoje a estudos, aulas e pesquisas de antropologia social, mas, desde 1963, nunca deixei de participar do debate extrauniversitário dos movimentos e experiências de educação e cultura popular. Tudo o que escrevi até hoje, fora a poesia, que me persegue desde a adolescência, são os meus relatórios de pesquisas de antropologia ou os livros entre a didática e a militância, dirigidos a educadores.

Livros publicados pela Brasiliense: *Os deuses do povo: uma introdução às religiões*, *Diário de campo: antropologia como alegoria, educação como cultura*, *Educação popular, identidade e etnia*, *Pesquisa participante*, *A questão política da educação popular*, *Repensando a pesquisa participante* e, pela coleção Primeiros Passos, *O que é educação*, *O que é folclore* e *O que é método Paulo Freire*.

Coleção Primeiros Passos
Uma Enciclopédia Crítica

ABORTO
AÇÃO CULTURAL
ADMINISTRAÇÃO
AGRICULTURA SUSTENTÁVEL
ALCOOLISMO
ANARQUISMO
ANGÚSTIA
APARTAÇÃO
APOCALIPSE
ARQUITETURA
ARTE
ASSENTAMENTOS RURAIS
ASTROLOGIA
ASTRONOMIA
BELEZA
BIOÉTICA
BRINQUEDO
BUDISMO
CANDOMBLÉ
CAPITAL
CAPITAL FICTÍCIO
CAPITAL INTERNACIONAL
CAPITALISMO
CÉLULA-TRONCO
CIDADANIA
CIDADE
CINEMA
COMPUTADOR
COMUNICAÇÃO
COMUNICAÇÃO EMPRESARIAL
CONTO
CONTRACULTURA
COOPERATIVISMO
CORPOLATRIA
CRISTIANISMO
CULTURA
CULTURA POPULAR
DARWINISMO
DEFESA DO CONSUMIDOR
DEFICIÊNCIA
DEMOCRACIA
DEPRESSÃO
DESIGN
DIALÉTICA
DIREITO
DIREITOS DA PESSOA
DIREITOS HUMANOS
DIREITOS HUMANOS DA MULHER
DRAMATURGIA
ECOLOGIA
EDUCAÇÃO
EDUCAÇÃO AMBIENTAL
EDUCAÇÃO FÍSICA
EDUCAÇÃO INCLUSIVA
EDUCAÇÃO POPULAR
EDUCACIONISMO
ENFERMAGEM
ENOLOGIA
ESCOLHA PROFISSIONAL

Coleção Primeiros Passos
Uma Enciclopédia Crítica

ESPORTE	ISLAMISMO
ESTATÍSTICA	JAZZ
ÉTICA	JORNALISMO
ÉTICA EM PESQUISA	JORNALISMO SINDICAL
ETNOCENTRISMO	JUDAÍSMO
EVOLUÇÃO DO DIREITO	LAZER
EXISTENCIALISMO	LEITURA
FAMÍLIA	LESBIANISMO
FEMINISMO	LIBERDADE
FILOSOFIA	LINGUÍSTICA
FILOSOFIA CONTEMPORÂNEA	LITERATURA DE CORDEL
	LITERATURA INFANTIL
FILOSOFIA MEDIEVAL	LITERATURA POPULAR
FÍSICA	LOUCURA
FMI	MAIS-VALIA
FOLCLORE	MARXISMO
FOME	MEDIAÇÃO DE CONFLITOS
FOTOGRAFIA	MEIO AMBIENTE
GASTRONOMIA	MENOR
GEOGRAFIA	MÉTODO PAULO FREIRE
GOLPE DE ESTADO	MITO
GRAFFITI	MORAL
GRAFOLOGIA	MORTE
HIEROGLIFOS	MÚSICA
HIPERMÍDIA	MÚSICA SERTANEJA
HISTÓRIA	NATUREZA
HISTÓRIA DA CIÊNCIA	NAZISMO
HOMEOPATIA	NEGRITUDE
IDEOLOGIA	NEUROSE
IMAGINÁRIO	NORDESTE BRASILEIRO
IMPERIALISMO	OLIMPISMO
INDÚSTRIA CULTURAL	PANTANAL

Coleção Primeiros Passos
Uma Enciclopédia Crítica

PARTICIPAÇÃO
PARTICIPAÇÃO POLÍTICA
PATRIMÔNIO CULTURAL
  IMATERIAL
PATRIMÔNIO HISTÓRICO
PEDAGOGIA
PESSOAS
DEFICIENTES
PODER
PODER LOCAL
POLÍTICA
POLÍTICA SOCIAL
POLUIÇÃO
QUÍMICA
PÓS-MODERNO
POSITIVISMO
PRAGMATISMO
PSICOLOGIA
PSICOLOGIA SOCIAL
PSICOTERAPIA DE FAMÍLIA
PSIQUIATRIA FORENSE
PUNK
QUESTÃO AGRÁRIA
QUÍMICA
RACISMO
REALIDADE
RECURSOS HUMANOS
RELAÇÕES
  INTERNACIONAIS
REVOLUÇÃO
ROBÓTICA
SAUDADE
SEMIÓTICA
SERVIÇO SOCIAL
SOCIOLOGIA
SUBDESENVOLVIMENTO
TARÔ
TAYLORISMO
TEATRO
TECNOLOGIA
TEOLOGIA
TEOLOGIA FEMINISTA
TEORIA
TOXICOMANIA
TRABALHO
TRABALHO INFANTIL
TRADUÇÃO
TRANSEXUALIDADE
TROTSKISMO
TURISMO
UNIVERSIDADE
URBANISMO
VELHICE
VEREADOR
VIOLÊNCIA
VIOLÊNCIA CONTRA A
  MULHER
VIOLÊNCIA URBANA
XADREZ